Monitoring and Self-assessment
Method for Students:
Facilitating Metacognition using
Worksheets and Collaborative Learning

児童・生徒のためのモニタリング自己評価法

ワークシートと協同学習でメタ認知を育む

中川惠正研究室
富田英司 編著

Esho Nakagawa Lab.
and Eiji Tomida

ナカニシヤ出版

巻頭言

　本書がご紹介するモニタリング自己評価法とはワークシートと話し合いを主な手だてとして，教育評価や動機づけ，思考に関する教育心理学的研究の知見を活かしながら，子どもが自律的に学ぶ力を育成するための手法です．本書は，小学校の中高学年を主に想定して算数や国語，社会といった授業を取り上げて，モニタリング自己評価法を用いた授業実践の方法を解説しています．しかしながら，その方法の基本や理論的背景はそのまま中学生から大学生，さらには生涯学習に活かすことができます．

　本書は特に次のような先生方にご一読をお勧めします．

- 授業で自己評価を導入したけれども効果があるのかないのかわかりづらい
- 自己評価のためのワークシートをそれらしく作って授業で使っているが，どういう点に気をつけてワークシートを作るのがポイントなのか改めて考えを深めたい
- 授業で子どもたちに問題の解き方などを教えても次の時間には毎回忘れてしまっているので，どのように定着させたらよいか検討中である
- 話し合いを効果的に授業に取り入れるためのコツを知りたい
- 答えがあっているかどうかだけではなく，子どもたちの考える過程もしっかりと評価できるような授業にしたい

　加えて，本書は中学校，高等学校，大学で教鞭を執られる先生方，あるいは生涯学習の機会や研修等で講師を務められる方がたにも活用していただくことができます．モニタリング自己評価法のように教育理論や実証研究にしっかりと裏づけられた実践方法は，対象とする学習者の年齢や立場が変わったとしても具体的な手だてを学習者にあわせて手を加えることで活用することができるからです．

　また，これから理論と実践を有機的に結びつけた教育研究を進める力量を備えた研究者になることを目指している大学院生の方がたにも特にお勧めできる内容を含んでいます．本書は，モニタリング自己評価法という手だてを支えるメタ認知や動機づけの理論，現代評価理論，発達理論などの理論的背景を網羅的に解説し，この手だての効果をいくつもの教室において厳密な科学的手法を用いて検証しているからです．それと同時に，本書は実際の学習単元を事例として取り上げてモニタリング自己評価法を実際に用いるための手順を紹介しています．本書を読んでいただくことによって，理論と実践を有機的に結びつけ，実践のために役立つ研究がどのようなものか1つの例を知っていただけます．

　教育に携わる幅広い方に本書を活用していただければ幸いです．

編著者一同

目　次

第1部　実践のてびき

01　モニタリング自己評価法とは ― 2
　01-01　はじめに　*2*
　01-02　ただし君のためのモニタリング自己評価法　*2*
　01-03　モニタリング自己評価法とは　*4*
　01-04　モニタリングとは　*5*
　01-05　自己評価とは　*7*

02　モニタリング自己評価法：5つの手だて ― 10
　02-01　授業づくりの考え方　*10*
　02-02　典型的な自己評価活動を振り返る　*11*
　02-03　モニタリング自己評価法の5つの手だて　*14*
　02-04　モニタリング自己評価法を支える授業設計方針　*18*
　02-05　モニタリング自己評価の特徴を振り返る　*19*

03　話し合いのデザイン ― 20
　03-01　話し合いを改善する糸口　*20*
　03-02　話し合いの目的　*20*
　03-03　話し合いの形態と機能　*22*
　03-04　話し合い活動の組み合わせ方　*26*
　03-05　話し合いの効果的なデザインへ向けて　*27*

04　単元の組み立てかた ― 30
　04-01　はじめに　*30*
　04-02　単元選択　*30*
　04-03　現状分析と目標設定　*31*
　04-04　課題分析　*33*

04-05　授業展開の設計　*35*
　　04-06　評価基準の設定　*35*
　　04-07　まとめ　*36*

05　授業の組み立て方 — *37*

　　05-01　はじめに　*37*
　　05-02　モニタリング自己評価法の手だて　*37*
　　05-03　学習指導案の作成例　*42*
　　05-04　第1部のまとめ　*48*

第2部　理論と実験授業

06　モニタリング自己評価法を支える理論 — *52*

　　06-01　本章の概要　*52*
　　06-02　メタ認知研究のはじまり　*52*
　　06-03　学習者を支援するためのメタ認知研究①：記憶研究　*55*
　　06-04　学習者を支援するためのメタ認知研究②：文章要約　*57*
　　06-05　学習者を支援するためのメタ認知研究③：文章読解のための相互教授法　*60*
　　06-06　メタ認知を促す背景にある発達理論　*63*
　　06-07　動機づけを促進する教育評価の方法　*65*
　　06-08　研究上の課題　*66*

07　モニタリング自己評価法の実験授業（算数編） — *68*

　　07-01　中高学年算数の文章題における自己統制訓練の効果　*68*
　　07-02　中学年算数の文章題における到達度自己評価法の効果　*70*
　　07-03　中学年算数の文章題におけるモニタリング自己評価法の効果　*74*

08　モニタリング自己評価法の実験授業（国語編） — *80*

　　08-01　高学年国語の文章読解におけるモニタリング自己評価法の効果　*80*
　　08-02　高学年国語の作文におけるモニタリング自己評価法の効果　*85*

09　モニタリング自己評価法の実験授業（社会編） ─── 95
09-01　中学年社会におけるモニタリング自己評価法の効果　　95
09-02　高学年社会におけるモニタリング自己評価法の効果　　101

10　モニタリング自己評価法の有効性と課題 ─── 109
10-01　実験授業によってわかったこと　　109
10-02　モニタリング自己評価法の効果研究における課題　　110
10-03　モニタリング自己評価法のさらなる発展に向けて　　111

引用・参考文献　　112
謝　　辞　　115

事項索引　　117
人名索引　　118

第1部
実践のてびき

　モニタリング自己評価法とは教育心理学分野の諸研究に基づいて発展してきた手だてです．研究結果と教育実践とを結びつけ，子どもたちの学びを支援するために活かそうという試みの1つです．しかし，そうだからといって研究の基礎をしっかりと専門的に学んでからでなければ授業で活用できないとすれば，本書を学校現場で活かしていただくことが難しくなってしまいます．そこで本書の第1部では教育心理学の専門的知識を可能なかぎり使わないで説明するようにしました．

　第1部では，第1章で最低限度必要な基本的な用語や考え方について説明した後，第2章でモニタリング自己評価法をかたちづくる5つの手だてをご紹介します．第3章から第5章では，それらの手だてを実際の授業や単元の中に組み込んでいく方法を読者の皆様と一緒に追っていきたいと思います．また，各章の最後のページには，それぞれの章の要点をごく簡単にまとめていますので，本書を進めていく際にご活用いただければ幸いです．

　第2部では，モニタリング自己評価法の背景も含めて理解したいという方のために，これまでおこなわれた厳密な実践研究の詳細，そして教育評価に関する専門的な解説を含めました．モニタリング自己評価法を導入するだけに留まらず，実践と密接に結びついた教育研究の方法を探究したいという方には第2部がお役に立てると思います．

01 モニタリング自己評価法とは

01-01 はじめに

　本章には2つの目的があります．1つ目の目的は，モニタリング自己評価法という学び方・教え方がどのようなものであるか，またどうしてこの方法が必要なのか，大まかにイメージをつかんでいただくことにあります．そのために，本章では最初に，この方法を学ぶ必要のある子どもの様子を事例としてご紹介します．もう1つの目的は，本書の柱となる最も大事な専門用語について説明することです．専門知識がなくても十分理解できるようになっていますので，教育心理学のことをほとんどご存じない方でも読み進めていただくことができます．

01-02 ただし君のためのモニタリング自己評価法

　次の事例1-1では，勉強の苦手なただし君と比較的得意なめぐみさんが，授業に参加するときにどんなことを考え，行動しているかを示したものです．2人は架空の子どもたちです．しかし，現実の教室にもこの2人のように考えている子どもがいるかもしれません．
　2人は同じ授業を受けていて，表面的にはそれほど大きな行動の違いはありません．しかし，思考活動の内容は大きく異なっています．ただし君の特徴は，自分から自分の考えや行動をチェックして状況や目標に応じてコントロールしようとしていないことです．コントロールという言葉の詳しい意味は本章で後ほど説明しますが，簡単にいえば，特定の目標や方向性に従って自分の行動を修正するという意味です．どちらかといえば，ただし君はチャイムや先生の指示などを受け，頭に特に何も思い浮かんでいない状態で先生から指示されたことを実行に移しているようです．それに対して，めぐみさんは，実際に何か行動を起こす前に前回のことを思い出して，次におこなう活動に必要な情報を積極的に明確化しようとしています．つまり，ただし君は受動的な思考，めぐみさんは能動的な思考を特徴としていると

事例 1-1

【ただし君のケース】　ただし君は，小学5年生．先生からはまじめな子だと思われているし，算数も苦手ではない．ただ，言われたことをすぐに忘れることがあるので，先生から見ると，話を聞いていないように思えるときもたまにある．キーンコーンカーンコーン……，3時間目の算数が始まるチャイムが鳴った．先生はもう既に黒板の前に立っている．授業の始まりの挨拶．先生の様子はいつもと変わらない．着席すると，先生は「教科書とノートが出ていない人，出しておいてね」と言いつつ，板書を始めた．ただし君は教科書とノートを既に出していたので，「教科書は出てるよ」と心の中で思った．しかし，教科書もノートも閉じられたままで，前回授業で習ったところを開くところまでは気が回らないでいる．板書を終えた先生は「前回，どんなことを勉強したかなー．答えてくれる人いるかな」と尋ねた．4，5人が「はい」と手を挙げたが，ただし君の頭には特に何も思い浮かばない．友達は「分数の足し算」と答えたようだ．「そう言われればそうだった」と思った．「じゃあ，まず復習ね．前回習ったことを思い出して，これから先生がホワイトボードに書く問題を解いてください」と言って先生はさっそく問題を2つ書いた．ただし君は問題をノートに写し，なんとなく計算を始めた．1問目の答えが出るには出たが，これでいいのかどうかはよくわからない．何か忘れているような気もする．そのとき，先生が回ってきて，「ただし君，1問目，出来てるね．どうやって計算したか先生に説明してくれる」と話しかけた．「え，計算したら，この答えになった」と，先生にはとりあえず言ってみたが，なんとなく計算してみただけなので，どうやって言葉にすればいいのかはわからない．

【めぐみさんのケース】　めぐみさんは，ただし君と同じクラスにいる同級生．もうすぐ3時間目が始まるので教科書を机の上に出している．ちょっと時間があったので，教科書を開いてみて，昨日の授業では「分数の足し算」を習ったことを思い返していた．「分数の足し算では，分母が同じじゃないと足せない．分母を同じにするためには，通分っていうのをしないといけなくて，最小公倍数っていうのを見つければいいって先生が言ってたっけ．最小公倍数っていうのはまだよくわからないけど，両方の分母が同じになるような一番小さな数を見つけて，分母がその数になるように掛ける数を見つけてそれを分子にも掛けてってすると良いんだった」と思ったところでチャイムが鳴った．授業は前回の授業でやった分数の足し算の復習として，先生がホワイトボードに書いた2つの問題を解くことから始まった．1問目は$\frac{1}{3}+\frac{1}{2}$，2問目は$\frac{4}{6}+\frac{2}{4}$である．1問目では，左側の分数の分母が3，右側の分数の分母が2である．2つの分数の分母を同じにするには，左側の分母と分子にそれぞれ2を掛け，右側の分母と分子にそれぞれ3を掛ければ同じ分母を持った分数になることが直感的にわかった．2問目では，左側の分数の分母が6，右側の分数の分母が4であったことから，すぐには新しい分母を思いつけなかった．そこで，めぐみさんは，さっき思い出した通分のしかたで計算した．その結果，めぐみさんは12だったら，2つの分母の両方を同じ大きさにできると考えた．計算の結果，答えは$\frac{14}{12}$となった．しかし，その答えをノートに書いてすぐに，答えの分母と分子が同じ数で割りきれることを発見する．「あ，こういうときにはどうするのかって昨日先生が聞いたときに，しょうた君が約分したな」と思い出して，約分した．そのとき，隣のゆいちゃんに「どんな答えになったの」と聞いてみると，ノートを見せてくれた．2問目の答えが$\frac{14}{12}$になっていたので，めぐみさんは「分母と分子が2で割れるよ」と言った．

もいえます．

　モニタリング自己評価法が目指すのは，ただし君のように受動的な態度で学ぶ子どもが，めぐみさんのような積極的な態度で学ぶようになるための手だてを提案することです．めぐ

みさんがやっているような思考をコントロールする力の違いは，算数などの教科学習だけに留まらず，生活のあらゆる側面に影響してきます．言われたことだけをするのではなく，求められていることやこれまでの経験から役立つことが何であるかを積極的に明らかにしていったり，友達に言葉で問題の解き方を説明したりする，そのような学びの習慣が子どもたちの人生の基礎となります．本書では，そのような学習習慣を身につけるために，学習者のモデルとなる問題解決過程を想定し，補助教材のワークシートを利用することでその問題解決過程を身につける手だてとする，モニタリング自己評価法という教え方を紹介します．

　読者の皆様の中には，ワークシートに思考のステップを明記して，それを子どもたちが辿っていくというスタイルに賛成しない方もいらっしゃるかもしれません．ワークシートを教師が用意するよりも，子どもたちが自分たちで問題の解決方法を考えることこそが本質的な学びだとお考えかもしれません．解決方法のモデルを与えてしまっては本当の意味の学力は身につかないとおっしゃるかもしれません．本書はそのような考えを否定するものではありません．すでに考える力をある程度備えた子どもたちであれば，教師がワークシートを与えるというよりも，子どもたち自身が自分の問題解決プロセスを提案するという学習活動のほうが役立つであろうと筆者らも考えています．

　しかしながら，本書はむしろそのような本質的な学習活動に辿り着く前の段階にある子どもたちの指導を想定して書かれています．多くの子どもたちは，今取り組んでいる問題に必要な知識が何であり，その知識をどのように利用するよう問題が要求しているのかを考えることや，正解かどうかに一喜一憂するのではなく問題解決過程に注目することなどが大事であるという認識が身についていません．このような子どもたちに，問題に取り組むには適切な手続きがあるということ，その手続きを当てはめるためには問題を読んでその意味を考えることが大事なこと，などをしっかりと身につけてもらうためにまずはワークシートを活用して学習の基礎を身につけてほしいというのが本書の考え方です．

　このモニタリング自己評価法は教育心理学の理論に基づいて考案されました．そのため，本書でも専門的な言葉がときどき登場します．そこで，次節では，モニタリング自己評価法の概要を説明した後で，この教え方の中でもっとも中心になる「モニタリング」と「自己評価」という2つの用語について説明します．

01-03　モニタリング自己評価法とは

　本書で提案するモニタリング自己評価法では，子どもが自分たちの学習到達目標に向かっていくプロセスにおいて「自分がどこまでわかっているのか」を子ども自身が把握し，その把握したことに基づいて学び方を自分で修正できるようになることを目指します．それができるようになるためには教師による支援が必要となります．そこで本書は教師がこのような

支援をおこなうためにどのような手だてを用意すればよいかを具体的に解説していきます．

　この援助のための具体的手だてとしてモニタリング自己評価法で主に使われるのが，「ワークシート」と「話し合い」です．モニタリング自己評価法を使った授業では，学習到達目標までの到達状況を子ども自身が把握するためのチェック項目や現在の理解内容を記入する自由記述欄を設けたワークシートを，単元内容にあわせて教師が作成します．このようなワークシートを目的に応じて駆使するということがモニタリング自己評価法の大きな特徴の1つです．この作成方法は，第5章において後ほど詳しく解説します．このワークシートは多くの場合，子どもが一斉授業場面において個別に取り組めるよう作成します．このワークシートを使った個別作業がうまく進められない子どもに対しては，教師や授業支援者が机間指導の中で個別に支援しながら進めていきます．

　しかし，それでも個別活動では子ども自身による到達状況のチェックには限界があります．子どもが自分自身のことをよく把握できていると思ったとしても，他者からみるとそうでないこともあります．そこで，2人組や小集団での話し合いを導入することによって，子どもがお互いの達成状況をチェックしあう状況を作ります．実際のところ，子どもの視点でいえば，彼らはお互いをチェックしようとしているという意識を持つことはほとんどありません．むしろ子どもたちが発言するのは，自分の考えや発見を他の人に聞いてもらいたいとか，他の人の発言について付け足せるものを見つけて伝えたい，という気持ちのほうが強いでしょう．このような動機で話し合いがおこなわれるとしても，結果的に子どもたちはお互いの意見から新たな発見をしたり，自らの考えや発見の不十分さに気づいたり，次の学習活動の指針を得たりというように，相互モニタリングによる恩恵を受けることができます．モニタリング自己評価法を用いた全ての授業において，話し合いを導入する訳ではありませんが，効果的な授業実践のためには話し合いは重要な役割を担っています．そのため，本書では第3章として話し合いを用いた授業デザインの方法についても詳しく論じています．

　詳しいことは，この後の章に譲るとして，本章の残りの部分では，モニタリング自己評価法という名前の中に含まれている「モニタリング」と「自己評価」という用語の意味について説明します．これらは教育心理学で使われる専門用語ではありますが，モニタリング自己評価法を教室で実施する方法について説明するためにはこれらを理解することが大事になりますので本書の最初の部分で説明します．この2つ以外の専門用語については，第6章に詳しく述べていますので，必要な方はそちらをご覧ください．

01-04　モニタリングとは

　モニタリングという言葉は，「監視をする」という意味を持ったモニター（monitor）という英単語を動名詞にしたものですが，教育心理学で使われるモニタリングという言葉の意味

は，もう少し特別な意味で用いられます．第6章で説明する「メタ認知」という概念とも深く関係しますので，メタ認知的モニタリングという名前で呼ばれることも多くあります．

　具体的に説明するために，教室で問題を解いている子どもを例に考えてみましょう．モニタリングとは，1) 子どもたち自身がいま解こうとしている問題について何がわかっているか，2) 既に知っていることと問題にはどのような関係がありそうか，3) これからどのように問題を解いていこうとしているか，4) 求めた回答は正しいか，といったことなどについて，自分で自分の状態を監視することを指します．この場合，監視の対象，つまりモニタリングの対象となっているのは自分自身ですので，特に自己モニタリングとも呼ばれます．それに対して，先生や友たちにモニタリングしてもらうような場合は他者モニタリングと呼ばれます．さらにこの他者モニタリングの中でも，子ども同士や教師同士といったような同様の立場の人たちがお互いにモニタリングしあうような場合を相互モニタリングと呼ぶこともあります．

　このモニタリングはほとんどの場合，モニタリングすることそのものが目的ではなく，モニタリングをした結果得られた情報に基づいて行動や思考をより適切に修正していくことを目的としておこなわれます．この行動修正をコントロールと呼びます．本書の提案するモニタリング自己評価法には，モニタリングという言葉が含まれていますが，コントロールという言葉は入っていません．それは，コントロールができるようになるためにはまずモニタリングができていることが前提だからです．決して，コントロールがあまり重要ではないという訳ではありません．本書でモニタリングといったときには，モニタリングの結果に基づいておこなわれる行動や思考のコントロールも含まれていると考えてください．本書では，自分自身についてモニターし，コントロールすることを「自己統制」と呼びます．

　教育心理学ではモニタリングやコントロールといったこれらの活動をまとめて「メタ認知」と呼びます．「メタ」とは，「高い次元の」とか「超越した」という意味を持つ，英語の接頭辞を日本語にしたものです．認知というのは，何かを見たり，聞いたり，考えたり，知ったりする頭の働き全般を指す言葉です．従って，メタ認知とは「自分自身の認知過程を対象とした高次の認知」という意味であることがわかります．

　このメタ認知の力はどのように育むことができるのでしょうか．メタ認知は目に見えませんので，大変捉えにくい現象ですが，メタ認知に支えられた活動は具体的な工夫の数々から成り立っています．これらの具体的な工夫をメタ認知的方略と呼びます（同じものを学習方略と呼んだりすることもあります）．例えば，本を読むときのメタ認知的方略には「本を読むときには，わからないことに下線を引く」とか「題名から内容を予測してみる」などが考えられます．メタ認知的方略は，このように具体的な活動ですので，子どもたちに「こうしてごらん」と教えることができます．最初は教師によるお手本の提示から始まり，反復的に練習をおこなうことで，最後には先生がいない場面でも自発的にその方略を子どもが使うように導くことができます．簡単にいえば，これがメタ認知を育む方法の1つです．本書の提案するモニタリング自己評価法では，子どもたちがモニタリングをしっかりできるようにメタ

認知的方略を教えるということを行っています.

この方略を教えるということがなかなか難しいということは数々の研究からわかってきています. ブラウン（Brown, 1978）は, 幼い子どもや学習が遅い子どもの問題解決過程の特徴として, 同じ誤りを繰り返したり, 課題や場面が変化しても, それに応じた方略の使い分けができなかったりすることを指摘しています. そのような場合, 大人が覚え方や解き方を示すことによって, 学習成績が向上します. しかし, 教えられたときにはできたとしても, その後に似たような問題と出会った際に, 自分で教わった方略を使うようにはなかなかなりません. そこで, ブラウンらは数々の工夫を取り入れてきました. ブラウンらがどのように工夫を発展させたかについては本書第6章で詳細に論じています.

01-05 自己評価とは

「モニタリング自己評価法」という名前に含まれるもう1つの重要概念,「自己評価」について説明したいと思いますが, その前に「評価」という概念について説明しなければなりません. 評価という言葉は全ての教師にとって身近なものですが, 実は教育現場でも誤解されていることが多い概念の1つです. 私たちが学校でふつう「評価」と聞くと, すぐに思い浮かべるのは,「先生が子どもの日頃の活動やテスト結果を集め, それらを判断材料として個人ごとに得点や評点をつける」というイメージではないでしょうか. しかし, 実際のところ, このようなイメージは, 評価というとても幅広い活動のほんの一部分しか表せていません. 評価の目的は「子どもが現在どのような能力を持っているかを判断すること」ではありません. むしろ評価は, 子どもがその潜在的な能力を最大限に引き出せるよう本人やその周囲についての情報を収集し, その情報を本人や周囲の改善に役立てるためにおこなわれる活動のことを指すのです. 従って, まず学習目標があり, それに向かって活動する学習者の活動があり, そこから現状の問題点を探りだし, 改善案を考案し, 実行する. そして, それによって活動が改善されたかどうかを検討し, もし改善されていなければ別の手だてを検討する. このような連続したサイクルによって学習目標へと学習者を近づけていく方法全体のことを評価と呼ぶのです.

評価とは誰がおこなう活動なのでしょうか. 評価は通常, 教師などの, 子ども本人とは別の誰かがおこなうものであるようにも思えます. 実際, 学びはじめにおいては, 先生をはじめとした周囲の大人が子どものことを評価し, 子どもをある一定の方向に導くよう直接指導することから始める必要があります. しかし, これは子どもの評価活動のはじまりの形態に過ぎません. 人は, 人生の全ての過程においてこのように他者から教え導いてもらう訳にはいきません. 最終的な評価の形は, 学習者自身が自分で目標を設定し, その目標に近づけるよう自らの行動や思考, 周囲の環境をモニタリングし, その結果得られた情報に基づいて,

自らの行動や思考，周囲の環境をコントロールする，そのようなサイクルを目標達成まで繰り返すことなのです．教師は「子どもをこの評価サイクルに巻き込み，最終的には，子ども自身でそのサイクルを作りだし，それに基づいて学習を進められる」というような自己評価能力の獲得プロセスを支援することが求められるのです．上述のことの繰り返しになりますが，教師には，子どもがこれからの人生において身につけることになる知識や技術のすべてを教えることはできません．子どもにとってこれからの人生に必要な知識や技術は，彼らがそれぞれの人生を歩んでいく中ではじめてわかってくることだからです．しかし，それでもなお教育の役割，教師の役割は子どもにとって大きなものです．なぜなら将来子どもたちが必要とする知識や技術に出会ったときにどのようにそれらを身につければいいか，その学び方については教えることができるからです．その学び方を支える最も大事なプロセスが自己評価なのです．

　このような評価の捉え方は新しいものではありません．例えば，続（1969）は，評価は目標追求活動における自己調整機能の一環であり，追求活動の結果と目標との関係をチェックし，調整活動のためにフィードバック情報を提供するものであると述べています．生徒指導の領域では，現在の生徒指導概念の重要概念が提案された『生徒指導資料第 20 集』（文部省，1988）において，生徒指導は「一人一人の個性の伸長を図りながら，同時に社会的な資質や能力・態度を育成し，さらに将来において社会的に自己実現できるような資質・態度を形成していくための指導・援助であり，個々の生徒の自己指導能力の育成を目指す」と定義されています．さらに，この自己指導能力は「自己をありのままに認め（自己受容），自己への深い洞察を加え（自己理解），これらを基盤に自らの目標を確立するとともに，目標達成のために，自発的，自律的に自らの行動を決断し，実行すること」（文部省，1988）と定義されています．この自己指導能力はまさに自己評価能力と同様なことを指していることから，実はかなり以前から生徒指導の領域でも自己評価はその重要性を指摘されていたことがわかります．

　このように，モニタリング自己評価法とは子どもを中心とした評価の考え方に基づいて実施される授業づくりの方法です．次の章からはモニタリング自己評価法に含まれる授業づくりの手だてについて説明していきます．

[第1章のまとめ] モニタリング自己評価法とは

●対　象
- □自分の学習過程を自分で把握する習慣が身についていない子ども

●導入によって期待される効果
- □能動的に問題解決に取り組む思考の習慣を持つ学習者を育てる

●モニタリング自己評価法に含まれる重要概念
- □モニタリング：自分がおかれた状況や自分自身の思考状態について，注意を向けてチェックすること
- □自己評価：設定した目標に達成するために必要な学習行動が実行できているか客観的な情報に基づいて自ら判断し，その判断に基づいて目標により近づけるように行動を修正していく活動

02 モニタリング自己評価法
5つの手だて

02-01 授業づくりの考え方

　本章では，モニタリング自己評価法を用いた授業を実施するための手だてについて説明します．モニタリング自己評価法を取り入れた授業では，授業の最初に，答えがわかることよりも，問題の解き方を知り，その解き方を使うことが大切だということを教えます．子どもはその解き方に，モニタリング・カードと呼ばれるワークシートの一種を見ながらまずは1人で取り組みます．その後，それぞれの児童が自分でその活動を目標と照らし合わせながら振り返り，誤っている場合は修正していきます．次に，その解き方を2人組もしくは小集団で話し合い，意見交換します．そして，その話し合いを元にして，教室全体で話し合います．最後に，再び個別活動に戻って，その授業で学んだことを振り返ります．このパターンを1つの単元が続く間繰り返します．

　これらの手だてはすべて学習者の自己統制を促進するためにおこなわれているものです．

　第1章でも説明したように，自己統制というのは，学習者が自分の思考や行為をモニターし，目的に沿った方向へとコントロールする心の働きを指しています．モニタリング自己評価法には子どもの自己統制を直接的に促進するための手だてと間接的に促進するための手だてがあります．直接的に促進するための手だてには，①説明活動，②モニタリング・カード，③小集団討論があります．間接的に促進する手だてとしては，④問題解決に利用する方略とそれを用いる意義について説明する，⑤到達度基準に基づく自己評価を導入する，という方法があります．これらにはすべて裏付けとなる科学的な研究がありますが，研究上の背景についてはまとめて第6章で説明します．

02-02 典型的な自己評価活動を振り返る

①自己評価するタイプのワークシート例

　手だてを具体的にご紹介するために，本書のモニタリング自己評価法が一般的に用いられている自己評価活動とどのように違うか具体的な事例を見ながら考えていきたいと思います．授業中によくおこなわれる自己評価活動にはいくつかの種類があります．

　自己評価活動は評価の形式と対象によって分けることができます．評価の形式で分けたときには，評定形式と自由記述形式があります．評定形式は学習について子どもが自分で評定するものです．もう1つの自由記述形式はどのようなことを学習したかを書いて説明するものです．また，評価の対象によって自己評価活動を分類した場合には学習内容の理解やスキルの獲得の程度を自己評価する場合と，学習態度や学習意欲について自己評価する場合があります．これらの評価が個別に実施されることもあれば，これらがすべて組み合わされたようなワークシートもあります．図2-1は自由記述形式で学習内容を自己評価するという種類にもっとも近い例になります．また，図2-2や図2-3は，理解の程度や学習態度について評定項目で自己評価するタイプのワークシートの例です．

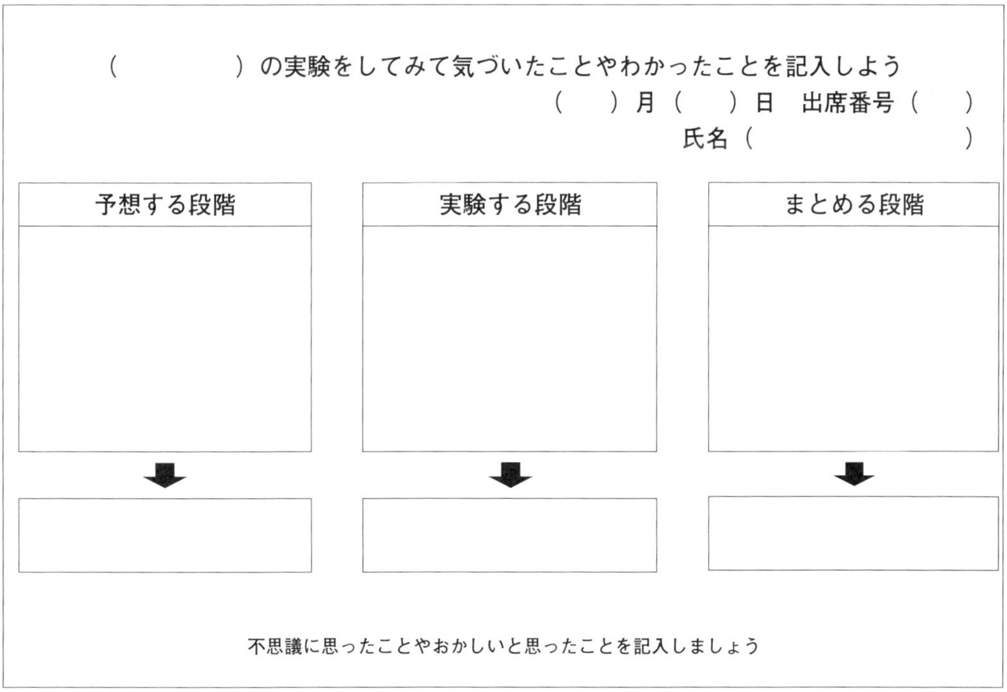

図 2-1　理解内容を自由記述で自己評価するワークシート例

今日の授業内容の理解度チェックシート
（　　）月（　　）日　出席番号（　　）
氏名（　　　　　　　）

	自己評価する内容	評価
1	因数分解の意味がわかった	◎・○・△
2		◎・○・△
3		◎・○・△
4		◎・○・△
5		◎・○・△
6		◎・○・△

図2-2　理解の程度や学習態度について評定項目で自己評価するワークシート例

今日の授業について当てはまるものに○をしましょう
（　　）月（　　）日　出席番号（　　）
氏名（　　　　　　　）

	自己評価する内容	評価
1	この授業では先生の話が聞き取れた	はい・まあまあ・いいえ
2	この授業で楽しく学べた	はい・まあまあ・いいえ
3	この授業が進む速さは	速い・ちょうどいい・遅い
4	この授業に積極的に参加した	はい・まあまあ・いいえ
5	この授業では最後まで集中できた	はい・まあまあ・いいえ
6	の授業で習ったことが理解できた	はい・まあまあ・いいえ

図2-3　今日の授業に関する印象などを中心に問うワークシート例

②自己評価用ワークシート・チェックリスト

　ワークシートについて検討するには，検討の観点を設定することが役立ちます．次のリストは自己評価用ワークシートを検討するための項目からなっています．これに基づいて検討

を進めてみましょう．

> ●自己評価用ワークシート・チェックリスト
> (1) このワークシートは授業中のどの時点で実施するものでしょうか
> (2) ワークシートには学習者が根拠なく答えることができる質問項目がたくさん含まれていないでしょうか
> (3) ワークシートに学習者が記入する内容は単元や活動の持つ到達目標に関連づけたものになっているでしょうか
> (4) ワークシートで問われることの順序が，学習者の思考プロセスに沿ったものになっているでしょうか
> (5) 学習者が書き込んだワークシートは，そのまま学習者の評価資料として使えるでしょうか

リスト（1）

リスト（1）について，筆者らの経験では，かなり多くの先生方が自己評価を授業の最後にだけ実施しているという印象があります．それは必ずしも悪いことではありませんが，もしもワークシートの評価項目が授業の最初から示されているとすればどうなるでしょうか．おそらく子どもたちはこの授業で先生が期待していることをよりはっきりと知ることができるでしょう．特にワークシートの中に習得が期待されているスキルなどが明示されていれば，その授業を通してそれを習得することが大事だということが子どもたちにも伝わりやすくなります．このようなことから自己評価能力を最大限に育むようなワークシートにするためには授業の展開過程を通して利用可能な設計が重要です．

リスト（2）

リスト（2）が示すのは，図2-3で例示したような授業への印象を問うアンケートのような状況です．前半3つの項目は教師が授業の難易度や進行速度などを調整するためには資料として価値があるものだと思われます．後半3つの項目は子どもの学習態度や理解度を問うもので，子どもたち自身が自分たちの学習態度や理解度をどう捉えているかをみることができます．しかしながら，子どもが先生の授業について何をもってどのような印象を持つに至ったか，どのような判断基準で子どもたちが自身の学習態度や理解度を捉えているかについてはまったくわかりませんし，それについてチェックするための仕組みもありません．子どもがどう思っているか聞いているだけで，それらの評定結果は子どもの学習過程を改善するためにどのように活用できるのか不明です．したがって，このようなアンケートは学習者の自己評価能力を育むのにはむいていないことがわかります．

リスト（3）

リスト（3）は，図2-1のようなワークシートを想定していただけるとわかりやすいと思います．このワークシートは授業が展開する過程で利用することが可能です．しかしながら，子どもがこのワークシートに書き込むことのできる内容はあまりにも幅広く設定されています．そのこと自体は子どもの自由な発見を授業内で取り込むという上ではとても意義があります．しかし，特定のある程度決まったステップを踏んで理解したり，操作したりということを習得するためにはあまり効果的であるとはいえません．

リスト（4）

リスト（4）の特徴をワークシートが備えていれば，そのステップを参考に子どもは思考や操作を進めることができます．ただし，図2-1から図2-3のすべてがこの特徴を備えているわけではありません．この特徴が備わっていれば，学習に行き詰まったときに学習者自分で理解度が把握できるだけではなく，教師がワークシートの回答内容を見ることで，教師が学習者の思考プロセスを読み取りやすくなります．そして，このことはすなわちワークシートに書き込まれた内容をもって学習到達度を推し量るための資料として活用が可能であるというリスト（5）の特徴に繋がります．

いくつかの典型的に使われる自己評価ワークシートを例として，自己評価能力の育成に役立つワークシートのあり方を考えてきましたが，たとえ自己評価能力の育成に役立ちそうにないとしても，それぞれどのワークシートも特定の役割や機能を持っていることもわかっていただけたかと思います．つまり，どのような目的を実現する手だてとしてワークシートを作成しているかが大事であるということになります．しかしながら，実際にはただ曖昧な意図で自己評価シートを作成し，実施しているということは決して少なくありません．

02-03　モニタリング自己評価法の5つの手だて

以上のようなポイントから，学習者の問題解決や思考の過程を支援するような活動として自己評価活動を捉え，それを学習の手だてとして実現していくことの重要さが浮かび上がってきました．本節では，ワークシートも含めたモニタリング自己評価法の5つの手だてについて説明します．

手だて①説明活動

ここで言う説明とは，自分の考えなどを他者にも伝わるように明確な言葉にしていく活動のことを指します．説明による自己統制の1つは，自分の問題解決過程を声に出して，教わ

った方略を適切に運用できているか自分で確認する自己教示法と呼ばれるものです．例えば，算数の文章題では，問題文を読むように伝えた後，何の話であるか自分の言葉で自分自身に向けて説明させます．問題を解くときには必ず絵や図に自分の考えを表してから答えを求めるように伝えます．そして答えが出たらもう一度確かめるように求めます．子どもがしっかりとやり方を身につけることができれば，声に出さなくても頭の中で説明することができます．

　もう1つの方法は相互説明活動と名付けることができるもので，以上の自己教示が終わった後にも加えて導入できるものです．絵や図をもとにして自分の解き方を小集団内のメンバーやペアのパートナーに対して説明します．これらは非常に有効な手だてではありますが，問題を理解し，取り組んでいく糸口がまだつかめていない段階の学習者にとっては効果はあまり高くありません．その場合には，単に言語化するだけでなく，視覚的に問題解決のステップや学習者自身の理解度が把握できるような道具が必要となります．それが次項で紹介するモニタリング・カードです．

手だて②モニタリング・カード

　モニタリング・カードは図2-4に示したようなプリント教具です．通常は，授業を担当する先生方が自身の受け持つ子どもの理解度に応じて自作します．自己統制の過程は目に見えないため，説明活動を導入したところで，問題解決のステップを明確に思い浮かべることができない学習者にとっては，どのように考えを進めていくのか道筋が曖昧になりがちです．プリントなどの上に問題解決のステップが示されていれば，具体的な手続きを目でみて確認しながら進めることで自己統制を支援することができます．さらに教師にとっても，プリントがあることで一斉授業において個々の子どもがどのような進捗状況にあるのか，つまずいているとすればどこでつまずいているのか，視覚的に捉えやすくなり，机間指導をおこなう際に役立ちます．

　図2-4の場合，分数と分数のかけ算の立式方法を学ぶために，三部構成になっています．最初のセクション1ではその授業を受けるにあたって前提となる知識の理解を尋ねています．確認欄に○印が少ないときには，前回の復習に長い時間を割く必要があることを意味しています．次のセクション2①では，分数×分数よりも基礎的な問題となる分数×整数の式を作るステップが示されています．これによって子どもは問題解決のために必要なステップを自分自身で確認しながら授業に参加することができます．最後のセクション2②では，同じような方法で分数×分数の文章題における立式をステップにしたがって進めていきます．

　実際の授業を想定した具体的な授業展開については第5章で詳細に説明することとします．また，この図2-4のモニタリング・カードは学習者が1人で取り組むことを前提としたものですが，第5章では他の子どもと一緒に取り組むタイプのものも紹介します．

　モニタリング・カードを作るときには，これから教えようとする子どもたちの思考プロセ

パワーアップカード：分数×分数

6年　　組　　番（　　　　　　　）

1．始める前に言葉の意味を確認しよう

大事な言葉	確認
ことばの式	
数の式	
帯分数	
仮分数	

大事な言葉	確認
分母	
分子	
小数	
約分	

2．27ページの問題

① 1dLで $\frac{4}{5}$ m² ぬれるペンキがあります．3dLでは何 m² ぬれますか．

順序	手続き	回答
(1)	いま知りたいことは何ですか	
(2)	いまわかっていることは何ですか	
(3)	「ことばの式」を作ろう	
(4)	「ことばの式」を「数の式」にしよう	
(5)	「数の式」は「ことばの式」と同じ意味ですか	はい　・　いいえ

② 1dLで $\frac{4}{5}$ m² ぬれるペンキがあります．$\frac{1}{3}$ dLでは何 m² ぬれますか．

順序	手続き	回答
(1)	いま知りたいことは何ですか	
(2)	いまわかっていることは何ですか	
(3)	「ことばの式」を作ろう	
(4)	「ことばの式」を「数の式」にしよう	
(5)	「数の式」は「ことばの式」と同じ意味ですか	はい・いいえ

図2-4　モニタリング・カードのサンプル

スを教師がしっかりと捉えておくことが必要です．問題解決過程は細かくみていくといくらでも細分化できます．細かくステップを作るとある意味わかりやすくなるのですが，子どもが既にわかっていることを細かくステップに分けて説明しても子どもにとって学ぶ意味が薄いものになってしまいます．反対に，子どもが本当にわかっていないステップについては教師が「これくらいでわかるだろう」という水準よりもさらに細やかなステップを明確に説明することが大事になることもあります．つまり，教師が教材の問題構造を理解していると同時に，子どもにとってどのステップを明確化すべきか理解しておく必要があります．作成手順の詳細は第5章で授業作りの手続きと併せて解説します．

手だて③小集団討論

　以上①説明活動と②モニタリング・カードという2つの手だては，学習者個人の問題解決プロセスに注目し，個人の問題解決能力を改善しようとするものです．その一方，小集団討論場面では，個人と個人の間でずっとダイナミックに問題解決過程を展開するため別の難しさが生じると同時に，個人だけでは期待できない効果が期待できます．小集団討論の中では，特に小さな集団では様々な観点から比較的自由な発言がなされるために，参加者の考えは揺さぶられたり，新しい視点が他者の発言から取り込まれることで発想が自由になったり，あるいは理解の曖昧さが明らかになって他の学習者に説明する必要性が生まれたりします（丸野，1989；加藤・丸野，1996）．小集団討論においては，これら以外にも自己統制を促進する多くのきっかけが学習者に与えられます．小集団討論は自分で自分のことをチェックし，修正するという自己モニタリングを超えてしまっているようにも思えます．しかし，人は本来，自分1人で高い水準の思考能力を身につけることはできないことが近年の基礎研究によって知られています（第6章で詳述します）．小集団討論を通して，個人の問題解決能力を高めるという点でディスカッションもまたモニタリング自己評価法にとって大事な手だてなのです．なお，小集団討論も含めた話し合いの効果的な導入方法に関する体系的な説明は次の第3章に説明されています．

手だて④方略の導入と意義づけ

　本項と次項で紹介する2つの手だては，これまで紹介した手だてよりも間接的な手だてだといえます．モニタリング・カードによって示されているように，モニタリング自己評価法は問題解決のためにいくつかの方略を学習者に提案して，その方略を意図的に取り込んでもらう方法です．取り込みが効果的におこなわれるためには方略を使う理由を学習者自身が知っておくことが大事です．このことを本書では方略の意義づけと呼んでいます．方略を意義づけることが学習成績向上に結びつくことが基礎研究によって明らかになっています（インフォームド・トレーニング，第6章を参照のこと）．有力な動機づけ理論の1つである自己決定理論でも，自分で自分の行為を決定しているという感覚が動機づけを高めることが広く

知られています．たとえ教師が方略を提案したとしても，なぜその方略を使うとよいのかを説明することで，学習者は自分で納得した上で問題解決に取り組むことができるため，動機づけを高めます．また，その意味をわかって問題に取り組むことで，学習は活用にもつながります．

手だて⑤ 到達度基準に基づく自己評価

　第1章で述べたように，評価とは学習者が学習目標に向かって学習過程を改善していく循環的な過程です．この過程を学習者が実現するためには，学習者が評価に必要な情報を得る必要があります．自己評価に必要なのは，学習目標に加えて，学習者がその目標に対してどの程度達成しているかという進捗に関する情報です．学習の進捗を評価するための評価を到達度評価と呼びます．教師による到達度評価は「あなたはここまでできています．次の課題はここです」というかたちになりますが，モニタリング自己評価法では学習者が自分で自分の評価をおこないます．学習者が自分の進捗を学習目標に即して自分で理解し，必要に応じて自分の学習活動を修正していくには，多くの場合，進捗を把握するための外部のものさしが必要になります．先に説明したモニタリング・カードはこの到達度に基づく自己評価をおこなうためのものさしの機能をも担っています．

02-04　モニタリング自己評価法を支える授業設計方針

　以上5つのモニタリング自己評価法のための具体的手だての他にも，重要な授業設計の基本があります．それは学習において必要な最低限の練習量を超えた反復練習がさらに必要であるということです．モニタリング活動は，モニタリング自己評価法を使って設計された授業のときだけおこなわれることが期待されている訳ではありません．授業で習得したことが，ほかの学習場面や日常生活で活用されて初めて本当にモニタリングの力がついたといえますし，授業の意味があったといえます．そこで大事になってくるのが，繰り返し反復練習を行って，モニタリング活動を子どもたちの中に定着してもらうことです．教育心理学では，古くから反復練習の重要さが証明されています．例えば10回の練習によってできたことがあるとします．このとき，さらに5回，10回と練習をさらに重ねることによって，学んだことがはじめて学習者に定着し，その後の問題に適用されるようになるのです．これを過剰学習と呼びます．

　この定着のために，私たちの授業実践では1つの単元について10時間以上の学習計画を立ててきました．年間指導計画に照らし合わせて考えると10時間に満たない時間しか確保できない単元も多く出てくると思います．そのような短い単元は，本書の提案するモニタリング自己評価法を導入するのに向かない授業であるといえます．もしもそれでも導入したい

場合には，類似の到達目標を持つ複数の単元をあわせて1つの単元として臨機応変に組み替えて授業設計をおこなうといった工夫が考えられます．

定着に必要な反復練習は，十分に長い時間を持った単元の確保だけによって実現するものではありません．可能であれば，教科を超えて横断的に取り入れることで，モニタリング自己評価法は生活の一部として子どもに認識されやすくなるでしょう．さらには学期や学年を超えて導入されることで，子どもの学習観そのものが望ましい方向へと変化しやすくなると考えられます．

02-05　モニタリング自己評価の特徴を振り返る

本章ではこれまでモニタリング自己評価法の手だてについて説明してきました．その特徴を要約すると，(1) 学習目標を学習者と教師が共有し，(2) 学習目標に到達するために学習者の問題解決過程をガイドし，(3) 学習者と教師の双方にとって到達度の現状を把握するための情報を提供するというようにまとめることができます．授業の最後にただ学習者が自分のことについて振り返るというものではないことがよくわかっていただけたかと思います．

次の第3章では授業における話し合いの設計方法をさらに検討してから，第4章と第5章において実際の算数の単元に基づいた授業の組み立て方について説明します．

[第2章のまとめ] モニタリング自己評価法の手だて

●直接的手だて
①説明活動
②モニタリング・カード
③小集団討論

●間接的手だて
④方略の導入と意義づけ
⑤到達度基準に基づく自己評価

03 話し合いのデザイン

03-01　話し合いを改善する糸口

　学校現場では，子どもたちによる学び合いが重視され，多くの授業で話し合いが導入されています．モニタリング自己評価法の手だてにおいても，説明活動と集団討論の2つにおいて話し合いがおこなわれます．しかし，話し合いを導入するだけでは，子どもたちはただ意見を出し合うだけで，学びが深まるとは限りません．そこで本章は，話し合いに特化して授業作りの方法を探っていきます．

　話し合いがうまくいかない原因としては，教師が①話し合いの目的，②個々の話し合い活動の形態と機能，③複数の話し合い活動の組み合わせ方について，明確な指針を持っていないことであると考えられます．本章はこれら3点について提案し，教室での話し合いが効果的に実施されるためのヒントを探ることを目的としています．

03-02　話し合いの目的

　話し合いを導入する目的は，認知的側面と情意的側面の大きく2つに分類できます．表3-1には，話し合いを導入する主な目的をこの2つの側面ごとに示してあります．話し合い自体にはグループで1つの意見をまとめる，グループ内の役割を決めるなど，もっと広い様々な目的がありますが，ここでは個人の学習の進展に直接影響する話し合いの目的だけを詳しく述べていきます．

　認知的側面に関連した目的の1つ目には，児童が新しい考えを持つことを支援することが挙げられます．例えば，友だちの何気ない言葉がヒントになり，新しい考えが生まれることもよくあります．本格的な話し合いでは自分の考えを持つことが前提になりますので，まず自分の考えを持ってもらうというためにも話し合いを導入するということがあります．

　2つ目の目的は，子どもの考えに広がりを持たせることです．学級にはいろいろな人がい

表3-1 話し合いを導入する目的

話し合い導入の目的		説明	内省の程度
認知的側面	新しい考えを持たせる	もともと自分の考えが特に浮かばないところに話し合いを導入することで，話し合いを通して子どもが自分の考えを持つようになる．	低
	考えに広がりを持たせる	もともと自分の考えは持っているが，多様な考えや異質な考えと出会い，さらに新しい考えを持つことができる．	
	考えを相対化させる	考えを自分の言葉で言語化することで，自分の考えを相対的に捉えるようになる．それを通して，自分の考えをわかりやすく説明する必要性を感じたり，根拠を持って説明したりしようという意識を持つ．	
	考えをつくりなおす	お互いの考えの差異を明確にし，批判的かつ建設的に互いの考えを吟味検討する．その結果，他者の視点を取り入れ，自分の考えをふり返ることで新しい気づきが生まれ，考えがかわることもある．	高
情意的側面	考えに自信を持たせる	自分の考えを他者と共有することで，自分の考えに自信を持つ．	
	参加意識を持たせる	自分も授業に「参加」しているという参加意識を持つことができる．	
	仲間意識を持たせる	みんなで作り上げたという仲間意識を持たせることができる．	
	貢献感を持たせる	自分の考えは役に立ったなどと貢献感や信頼感も持たせることができる．	

ますので，話し合いをすることでその人たちの考え，例えば，自分の知らない情報（量的な差異）を持った人，自分の知らない見方・考え方（質的な差異）をする人と出会い，考えに幅を持たせることができます．

3つ目の目的は，子どもに自分の考えを相対化させることです．自分と違う考えの人に，自分の考えを説明するためには，自分の説明や主張の仕方に意識が向きます．当然，自分の考えにも意識が向きます．つまり，異質な考えの他者と出会うことで，自分の考えを相対的に捉えようとし，「わかりやすく説明するためにはどうすればよいか」「自分の考えはこれでよいのか」等に意識が向くのです．そのことが，学びを促します．

4つ目の目的としては，子どもがお互いに批判的かつ建設的な意見の交流を通して，自分の考えを再びつくりなおすことが挙げられます．自分の考えに自覚的になった児童は他者から学ぼうとします．例えば，友だちからの指摘で，自分の考えの不十分さに気付くこともよくあります．自分とは違う考えに出会うことで，自分の考えを振り返り，省察することができます．このようなことが起こるには，お互いに質問や反対意見を交換することが重要です．これら4つの目的は上から下に向かうにつれて，より内省の度合いが深くなります．

情意的側面に関連した話し合い導入の目的の1つ目は，子どもに自信を持ってもらうということです．例えば，クラス全体で発表する前にペアやグループで考えを共有すると，子どもは自分の意見により自信を持つことができ，全体の場で発表しやすくなります．

2つ目の目的は，子どもに参加意識を持たせるということです．お互いの考えを出し合うことで，自分も参加したという気持ちになるでしょう．あるいは，低学年ならば，「話し合い」の中で，「みんなの1人」として聴くことや「みんなに向かって話す」ことで，学級の一員としての「参加」を感じることもあるでしょう．

　3つ目の目的は，何かを成し遂げられるのは仲間の存在があったからであり，仲間との関係が大事であるという仲間意識を持たせることです．教師から知識を伝達され，それを覚えるだけでは，自分たちで学び合った，つくりあげたという意識は持ちにくいものです．学習は，「個人的営み」であると同時に，仲間と共に高め合う「集団的営み」です．「話し合い」を通し，納得する意味をみんなで作る喜びを体験することで，仲間意識を育むことができます．

　4つ目の目的としては，子どもに貢献感を持たせることが挙げられます．貢献感とは自分が役に立っているという感覚のことです．お互いの考えを出し合うことで，「自分の考えが役に立った」「相手の考えが役に立った」と貢献感を持つことができます．あるいは，お互いの考えを真剣に聴き合うことで，信頼感も育ちます．

03-03　話し合いの形態と機能

　話し合いの目的を達成するためには，話し合い活動の形態による機能を知る必要があります．大きく分けて話し合いの形態には，全体，小集団，ペアの3つがありますが，それぞれの形態によって大きくことなる特徴があります．したがって，目的に応じて適切な1つの形態を選択する，あるいは複数の形態を組み合わせて授業をデザインすることが重要です．「全体の話し合い」「小集団の話し合い」ではどのような違いがあるのでしょうか．また，ペア学習とグループ学習ではどのような特徴があるのでしょうか．

　話し合いの形態ごとの機能を明らかにするために，話し合いにおける参加者の役割について細かく分類しておく必要があります．話し合いは普通，「話し手」と「聞き手」に分かれ，その役割を交換しながらおこなう活動と考えるのではないでしょうか．しかし，よく話し合いを観察するともっと異なる役割が見えてきます．社会学者のゴフマン（Goffman, 1981）は，参与者が複数いる話し合いでは，例えば，発話をふられた聞き手は「受け手」，ふられていない聞き手は「傍参与者」，話し合いのメンバーではないがたまたま発話内容を耳に入れた聞き手は「傍観者」など，1つの話題の中にも，多様な「聞き手」が存在し，グループ内の働きが変化することを指摘しています．

　このことは学校内の話し合いにおいても同じように成り立ちます．話し合い活動の中には，多様な聞き手が存在することから，話し合いは「話し手」「受け手」「傍参与者」「傍観者」がそれぞれの役割を交替しながらおこなわれる活動であるといえます．本節ではこのような役

割の分類に基づいて，話し合いの特徴を見ていくことにしましょう．

①全体の話し合いの特徴

　全体の話し合いの1つ目の特徴は小集団学習と違って「傍観者」がいないことです．傍観者がいないということは，原則として，情報は全員に一度で共有されるということを意味します．ペア学習や小集団学習では，そうはいきません．となりのペアやグループで話し合われたことは，知りようがありません．そこでは，授業の展開を工夫しないと情報の流れの遮断が起こります．

　2つ目の特徴は傍参与者が多いということです．傍参与者が多いと，話を聴いていない傍参与者が増えるという問題点が生まれます．また，活動率がとても悪く，全員が話す機会が持てないという問題点も生まれます．話すのが苦手な子どもには緊張感も増すでしょう．その一方，傍参与者が多いことにはよい点もあります．傍参与者は受け手とは違って，間接的な位置で「話を聴く」ことができます．そのことによって，子どもはメモを取ったり考えたりしながら，より客観的立場で聴くことができ，新しい考えを生み出す可能性が高くなることがあります．

　3つ目の特徴は，話者交替にあります．ペア学習では話者交替は問題になりません．全体討論において多くの教室では教師が指名することで話者交替がおこなわれています．しかし，話者交替は発言の繋がりと深く結びついているため，ただ教師が指名するというだけでは本来的な話者交代の機能が果たせません．そのため，全体の話し合いが機能するためには，教師が話者交代をさせる際に，発言と発言をうまく結びつけるということが求められます．これに失敗すると話し合いが単にお互いの考えを出し合うだけの活動になりがちです．

②小集団の話し合いの特徴

　小集団の話し合いの特徴は，適度な「傍参与者」が存在するということです．そのため，全体の話し合いの特徴である「多様な考えと出会える」「気付きが生まれる」という利点があると同時に，（ペア活動と比較するとその程度は劣りますが）「聴いていない児童が生まれにくい」「話す機会が増える」「聞き手が少ないのであまり緊張しない」などの利点もあります．

　もう1つの特徴は，自分の課題を解決できるということです．例えば，自分たちで解決できる課題をグループ学習でおこない，それでも解決できなかった課題を全体で話し合うというように絞り込んでいくことができます．

　しかしながら，小集団の話し合いには「傍観者」が生まれます．つまり，小集団の外には話し合った情報は流れにくく，全員に情報が共有されにくいという問題が生じます．

　さらに，小集団では「傍参与者」が存在しますので，「話者交替」を考えるという問題があります．全体の話し合いのように，教師が指名して進めてはくれません．自分たちで話し合いの流れを考え，話し合いの進め方等を考えなくてはなりません．それに対処するには，①

話者交替を決めておく方法，②自由に発言する方法（司会なし），③司会が進める方法があります．①では，さらに（ア）リレー発言（1人が少しずつ発言する），（イ）回転発言（順番に全員発言）などがあります．①のような全員発言から，だんだん自由に発言できるように導いていくのが理想です．

③ペアの話し合いの特徴

ペアの話し合いの特徴の1つは「傍参与者」が存在しないということです．そのため，話者交替を考えなくても話し合いを進められます．グループ学習と比べ，話す機会も大幅に増えます．聞き手が1人しかいないので，最も緊張度が低い状況を作り出せます．従って，お互いの考えを確認したり，感想や疑問を述べ合ったりするには大変適した学習方法です．しかしその反面，ペア活動だけでは，多様な考えと出会ったり，新たな気づきが生まれたりする可能性は高いとはいえません．

多様性に出会えないというペア活動の欠点を補うには，ペア学習を数回繰り返すことが有効です．こうすることで，自分と違う考えと出会う機会が増えます．さらに，ペアであっても新たな気づきが生まれるように促す工夫として，パートナーに「傍参与者」の役割を担ってもらうということもできます．例えば以下のような手続きをとることができます．

> ①Aさんが自分の考えを発表する．
> ②Bさんは「Aさんが言いたいことは……ですか」と確認する．
> ③Bさんは「Aさんの○○はどういうことですか」と質問をする．
> ④Aさんが答える．
> ⑤Aさんは自分の説明を振り返る．

このように，お互いの考えをただ述べ合うのではなく，聞き手が相手の考えを確認し，質問するようにすると，少し客観的に相手の発言を聴くことができ，ペアであってもパートナーが「傍参与者」の役割をすることができます．

以上のように話し合いの形態によって，教育上の長所や短所があります．先の表3-1に想定されている話し合いの目的の一覧に，これら形態ごとの特徴を加えて整理すると表3-2のようにまとめることができます．このような想定を明確にしておけば，その時々の学習目的に応じて適切な形態を教室に導入することができます．

表 3-2 話し合いの形態ごとにみた話し合いの機能

目的		全体		小集団		ペア	
認知的側面	新しい考えを持たせる	○	全体議論では傍参与者となることが容易である．傍参与者は自分のペースで自分の考えをつかめる．	○	自分で全く考えが思い浮かばなくても，話しながら自分の考えを形成できる．	○	自分で全く考えが思い浮かばなくても，話しながら自分の考えを形成できる．
	考えに広がりを持たせる	◎	情報が一度で共有されるため，多くの人が多様な考えと出会える．	○	全体討論と比べると効果は小さいが，グループの他の子どもからの影響を受けて考えを広げることができる．	△	1名のパートナーからしか影響を受けることができない．
	考えを相対化させる	○	たくさんの考えに触れて自分の考えを相対化させる機会を得られる．さらに自分が発表することで相対化は進む．	◎	自分の考えを複数の他者に伝える機会が得られやすいため，自分の考えを相対化するのに向いている．	△	1名のパートナーのみからのフィードバックでは自分の考えは相対化されにくい．
	考えをつくりなおす	○	大人数であっても積極的に意見の交換がなされれば，考えが吟味され，考えの再構成に繋がるような気づきが起こる．	○	人数が多くないために，発言しやすく，フィードバックも得られやすいため，考えの再構成に繋がるような気づきが起こりやすい．	△	フィードバックが1名のみからしか得られず，考えの吟味は起こりにくい．
情緒的側面	考えに自信を持たせる	×	意見に自信がない時には教室全体の場で発言することは難しい．	◎	人数がそれほど多くないために自分の考えを試しに言ってみることができる．また，ある程度多様なフィードバックが得られるため，そこで高い評価が得られれば，自信に繋がる．	○	パートナーが1人なので，関係を作りやすく，関係が作れれば，自分の考えたことを共有することが容易である．
	参加意識を持たせる	△	聴いていない児童が生まれやすく，緊張度が高く，1人当たりの話す機会が少ないため，自己関与は最も得にくい．	◎	集団が小さいので聴いていない児童が生まれにくく，緊張度が低く，話す機会が比較的多く得られるため，子どもは活動に自己関与しやすい．	◎	1対1では相手の話を聞かないことのほうが稀で，緊張度が最も低く，話す機会も最も多いため，子どもは活動に自己関与しやすい．
	仲間意識を持たせる	○	学級全体がうまくまとまれば，クラスとしての仲間意識を持つことができる．	○	グループ内で仲間意識を持ちやすいが，クラス全体では持ちにくい．	△	活動が個別なので，仲間意識は持ちにくい．
	貢献感を持たせる	○	うまく話し合いが展開すれば，学級全体に対する貢献感を持たせることができる．	○	うまく話し合いが展開すれば，小集団に対するに貢献感を持たせることができる．	△	活動が個別なので，グループに対する貢献感は用いにくい．個人レベルの貢献感は持たせることができる．

03-04 話し合い活動の組み合わせ方

　以上のように3つの形態はそれぞれ強みと弱みを持っています．いくつかの弱みは既に紹介したように各形態の中で解決が可能です．しかし，1つの形態だけを使うよりも複数の形態を組み合わせることでより大きな教育的効果が望めます．そこで本節では，全体と小集団のそれぞれの形態に他の形態を組み合わせて話し合い活動をデザインする方法について検討します．

①全体の話し合いを改善する方法

　全体の話し合いでは，聴いていない児童が生まれやすい，全員が話す機会が保障できない，大きな緊張感が生まれるという欠点が生じます．そこで，小集団学習を加えることでその欠点を補うことができます．授業内の活動を「個人学習」→「小集団学習」→「全体学習」→「個人学習」といった順序で活動の形態を組み合わせることが有効です．まず，個人学習で自分の考えをまとめ，それを小集団での話し合いで共有します．これによってその後全体学習において自分の小集団の意見が発表されれば，自分が関与する小集団の成員による発言ということで，自分が発言していなくても，他者の発言に自己関与を持つことができます．また，もしその発言がクラス全体に影響を与えれば貢献感を持つことも可能になります．最後の個人学習の段階において，自分がどのように全体の議論に貢献するかを再確認させることで自覚はさらに高まります．

②小集団の話し合いを改善する方法

　小集団ではペアとは違って傍観者が誕生します．Aグループの人にとって，他のグループ（例えば，B，C……）の人は傍観者となります．「傍観者」になると，情報が伝わりません．情報の共有化をおこなうためには，全体で話し合いをおこなえばいいのですが，全体になると，なかなか意見を言いにくいものです．それに対応するには，グループのメンバーを組み替える方法と傍観者を積極的に活用する方法があります．

　[1] メンバーを組み替える方法
　a）ペア1→ペア2→ペア3（……）→ペア1（報告）　ペアでの話し合い後，他の人とペアになります．時間を5分などと設定して，その間に，ペア交流を数回おこないます．そして，もう一度最初のペアに戻り，報告をします．ペアを通して，多くの学びを得たことを体験できます．情報を集めるのに適しています．
　b）グループ→ペア→グループ（報告）　グループでの話し合い後，他のグループの人とペアになります．グループの話し合いの中から伝えたい情報を1つだけ選び，ペア交流をしま

す．このようなペア学習を数回繰り返しします．そして，元のグループに戻り，学んだことの報告をします．こうすることで他者の考えを吟味する力がつき，ひいてはそれが自己モニタリングの力を高めてくれます．

c）ワールド・カフェ　ワールド・カフェとはグループの1人だけ残して，他のメンバーは移動するということを繰り返しながら話し合いを進めていく手法です（ブラウン＆アイザックス，2007）．残された1人は，今までの話し合いを要約して報告します．その後，新しいメンバーで話し合いを始めます．

d）ジグソー法　元のグループから1人ずつ集まり，新しいグループを作ります．新しいグループでは1つのテーマを専門的に学びます．そして，学んだことを元のグループへと持ち帰ります（アロンソン，2007）．

[2] 傍観者を活用する方法

a）グループA→グループB→グループAでの報告　「お出かけバズ」（関田，2006）と呼ばれる方法です．グループからとなりのグループへ1人だけ派遣します．その人は意見を言えないという決まりがあります．となりのグループの様子を観察するだけです．そして，自分のグループに帰って報告します．積極的「傍観者」の役です．こうすることで，派遣者には聴く力や要約する力，報告する力がつきます．友だちの考えをモニタリングする力が付くのです．

b）金魚鉢ディスカッション　話し合いをする小集団の周りを取り囲むように座り，他の小集団のメンバーが観察します．金魚鉢を鑑賞するかのような形態から一般的に金魚鉢ディスカッションやフィッシュボールと呼ばれます（センゲ，2003）．グループAの話し合いの様子をグループBが観察し，グループBには積極的な傍観者になってもらいます．その後，AとBのメンバー同士でペアを組み，話し合いの様子を報告します．この方法によってもクラスメートの話し合いをモニタリングする力を身につけることができます．

03-05 話し合いの効果的なデザインへ向けて

これまで述べてきたように話し合いには大きなメリットがありますが，そのデザインを適切にしなければねらった効果を十分に得ることはできません．このこと自体はどのような学習活動の設計でも同じですが，話し合いは一方的な講義に比べて長い学習時間を要します．そのため，他の活動よりも狙った効果を得られるように最新の注意を払う必要があります．

これまでの議論で明らかになってきたのは，話し合いのデザインで重要な点は（1）教室で得られた発見や気づきを全体で共有するようにすること，（2）できるだけ多くの学習者が高い自己関与を持って参加できるようにすること，（3）緊張を避け話しやすい状況を作ること，

(4) 学習者が自分の考えに対して内省する機会をつくること，です．本章ではこれら4つのポイントをクリアするための様々な具体的な方法を紹介しました．しかし，話し合いの質は場の状況や子どもたちや先生たちの性格，授業内容や物理的環境によって大きく左右されます．したがって，授業者がそれぞれの経験や好みを生かしながら，子どもの現状に応じて工夫し続けることが重要になります．

　話し合いにおいて，長時間に渡る試行錯誤が必要であることは子どもにとっても同じです．子どもたちもまた，順調に話し合いを進めるために，話し合いという状況に慣れ，うまく進めるための方法を見つけ出し，自分なりに試行錯誤することが重要です．このことから考えると，教師にとっても，子どもにとってもごくたまに話し合いを導入するというようなことでは話し合いがうまく進むはずがありません．日常的に話し合いの機会をつくって，子どもとともに話し合いのノウハウを積み上げていくことをお勧めします．

[第3章のまとめ] 話し合いのデザインの要点

●話し合いをデザインする際のポイント
- □話し合いの目的はなにか
- □話し合いの形態はどれを用いるか
- □複数のタイプの話し合いをどう組み合わせるか

●話し合いの目的
- □認知的側面：新しい考えを持たせる
    考えに広がりを持たせる
    考えを相対化させる
    考えをつくりなおす
- □情意的側面：考えに自信を持たせる
    参加意識を持たせる
    仲間意識を持たせる
    貢献感を持たせる

●話し合いの形態と機能
- □全体：情報を全体で共有できるが話者は少ない．他の発言を聞いて考えを膨らませやすい．発言と発言を結びつける上で教師の責任が大きい．
- □小集団：話す機会が増え，緊張がより少ない．問題解決に取り組みやすい．話し合いの方法を子どもたちが身につけておく必要がある．
- □ペア：話す機会が最も多く，緊張も最も少ない．考えを自由に交換しやすいが，多様さや新しさに遭遇することが少ない．

●話し合いの組み合わせ
- □話し合いの形態や機能の違いに基づいて，授業や単元のねらいを実現するために，2つから3つの形態の話し合いを組み合わせる

04 単元の組み立てかた

04-01 はじめに

　本章と次の章では，モニタリング自己評価法を取り入れた教育実践の方法を1つの単元を題材としながら紹介していきます．具体的には小学校6年算数の単元「分数×分数」を扱った啓林館の教科書に基づいて，モニタリング自己評価法のための単元設計の要点を説明していきます．次章ではこの単元の中の1つの授業の組み立て方を説明します．

　単元設計をどの程度こまやかなステップに分けておこなうかについては様々な考え方がありますが，本章では（1）単元選択，（2）現状分析と目標設定，（3）課題分析，（4）授業展開の設計，（5）評価基準の設定，の5つの作業を単元設計の範囲として考えていきます．

04-02 単元選択

　モニタリング自己評価法は子どものメタ認知能力をはぐくむための学習環境を教師がしっかりと準備することによって成立します．そのため，副教材の作成や議論場面の設定のためにふだんよりも長い時間を授業準備に費やす必要があります．したがって，どの教科のどの単元でもモニタリング自己評価法を実施するのは現実的ではありません．

　そこで，モニタリング自己評価法を実施する際には，それを取り入れる単元を選ぶことが最初のステップになります．モニタリング自己評価法は，子どものメタ認知をはぐくむためのアプローチです．そのため，単純な反復練習が中心となる活動においてモニタリング自己評価法を導入したとしても，その授業準備にかけた労力にふさわしい学習効果は得られません．一度習得した知識やスキルをその後の学習活動において何度も当てはめることができるような内容を学ぶときには，モニタリング自己評価法の導入が適切です．そのような単元では，学習者が問題状況を分析し，その問題状況に当てはめることのできる知識を記憶から取り出し，実際に問題に取り組みながら，問題解決過程をチェックするというメタ認知活動が

必要となります．

例えば，本章で扱う算数の分数の計算では，約分という手続きが何度も繰り返しでてきますのでそのプロセスをモニタリング自己評価法で学ぶと高い効果が期待できます．その他にも，算数の文章問題一般，国語における読解や作文，社会における統計資料の読み取り，理科の一般的な実験手続きなどはモニタリング自己評価法が効果を発揮しやすいでしょう．それ以外にもまだまだモニタリング自己評価法が活用できる教科や単元はあるだろうと思われますので，それらを明確にする作業は筆者らの今後の課題であると考えています．モニタリング自己評価法の導入事例は本書第2部に紹介されていますので，導入する単元を選ぶ際にはそちらもご参照ください．

04-03 現状分析と目標設定

どのような内容を教える場合でも，学習者の特性にあわせた学習目標の設定が必要になります．そのためにまずこれから教える子どもの現状を分析しておくことが大切です．特に研究授業等でモニタリング自己評価法を取り入れる場合，子どもたちの現状を踏まえた上で，なぜモニタリング自己評価法を取り入れる必然性があるのかを説明する必要も出てくるでしょう．筆者の1人が実践した授業では，下記のように子どもの現状分析とモニタリング自己評価法導入の経緯について説明しました．

> 本学年の児童76名は算数の学力に関して2極化傾向が見られる．そこで3グループに分けた習熟度別授業を行っている．「じっくりコース（18名）」「ややじっくりコース（24名）」「とことこコース（34名）」としている．コースは希望選択制であるが結果的には習熟度の違いで集まる傾向がある．もともとモニタリング自己評価法は学力の比較的低い子どもに実施することでより効果が得られることが知られている．しなしながら，文章題において自分が立てた式の理由を説明したり，「言葉の式」を「数式」に直したりという点においては苦手とする児童が多く見られる．そこで，授業者が担当しているこのとことこコースにおいてモニタリング・カードを利用することにした．
>
> モニタリング・カードは子どもの親近感がわくように，教室ではパワーアップカードと名付けた．これを準備し，教師が説明して解き方を理解させる．次に自力で取り組ませる．そのあとペアで話し合わせ，理解を定着させる．問題が早く終わった児童には，「問題を解く方法を作って説明しよう」カードに取り組ませることで活用のレベルにまで発展させる．

次にすべきことは，選択した学習単元における学習目標を設定することです．学習目標に

ついては，ほとんどの場合，使用している教科書があらかじめ学習指導要領に即した学習目標を掲げています．これらの学習目標をそのまま実際の授業の単元目標として利用することもできますし，クラスの状況に応じて修正した上で利用することもできます．これらは当然ながら学習指導要領に対応していなければなりません．本章で扱う「分数×分数」単元について，学習指導要領では次のように目標が設定されています（文部科学省，2009）．

> 1　目標
> (1) 分数の乗法及び除法の意味についての理解を深め，それらの計算の仕方を考え，用いることができるようにする．
> 2　内容
> A　数と計算
> (1) 分数の乗法及び除法の意味についての理解を深め，それらを用いることができるようにする．
> ア　乗数や除数が整数や小数である場合の計算の考え方を基にして，乗数や除数が分数である場合の乗法及び除法の意味について理解すること
> イ　分数の乗法及び除法の計算の仕方を考え，それらの計算ができること
> ウ　分数の乗法及び除法についても，整数の場合と同じ関係や法則が成り立つことを理解すること
> (2) 小数及び分数の計算の能力を定着させ，それらを用いる能力を伸ばす．

学習指導案を作成するときには，子どもたちが当該単元を学ぶ前にどのような学習を進めてきたか，その背景を明確にすることもカリキュラムの縦のつながりを考える上で重要です．この単元の場合は下記のようにまとめることが可能です．

　本学年の児童はこれまでに，分数については，第2学年で具体物を半分にする活動や1/2, 1/4の分数の概念，第3学年で分数の概念同分母分数の加減計算，第4学年で分数の分類，真分数，仮分数，帯分数の意味や同分母分数の加減計算の立式と計算の仕方，第5学年では，異分母分数の加減計算，分数×整数，分数÷整数について学習してきている．第6学年では，本単元の「分数×分数」で，分数をかけることの意味と計算の仕方，逆数の意味，分数・整数・小数の逆数の求め方を学習し，次単元「分数÷分数」では分数でわることの意味と計算の仕方，分数についての計算のきまりなどを扱う．

　学習目標の設定は，学習指導要録の観点（執筆当時）である「算数への関心・意欲・態度」「数学的な考え方」「数量や図形についての技能」「数量や図形についての知識・理解」の4つに対応して設定すると，後で評価をまとめるときにわかりやすくなります．筆者の1人が作

成した学習目標の例は以下のようなものです．

関心・意欲・態度	分数に分数をかける計算の仕方を，進んで考えようとする．
数学的な考え方	分数に分数をかける計算の方法を筋道立てて説明できる．
技能	分数に分数をかける立式や計算ができる．
知識・理解	分数に分数をかける計算の意味を理解している．

04-04 課題分析

　上のように設定した学習目標を念頭におきながら，次は教科書に並べられている問題に即して，子どもたちがどのように学んでいくか考えていくことになります．このために大事になるのが課題分析です．課題分析とは新しく教える学習内容の構造を分析することです．これはインストラクショナル・デザインという教育工学の領域で使われている言葉ですが，一般的によく「教材分析」と呼ばれるプロセスの方法をもっと体系化したものだということができます．

　課題分析では，(1) 前提条件：教科書に掲載された主な問題を対象に，これらを解くためにどのような知識・理解・スキル等が前提となっているのか，(2) 問題解決過程：どのようなプロセスをたどって問題解決が進むか，解決方法にはどのようなバラエティがあるか，子どもが行き詰まりやすいプロセスはどこか，という2点を中心に，全体的に問題を理解します．特に後者においては，子どもたちの現状にあわせた分析が必要になります．また，教えてみて初めて行き詰まりやすいポイントがはっきりするということもあります．

　表4-1には小学校6年算数の単元「分数×分数」に含まれる教科書の内容（啓林館），主な問題，それらに対応する課題分析の例を示しています．今回の例では，文章題から分数×分数の式を作ることができ，その式を解くことができるようになることが子どもに求められています．加えて，算数的活動の重視という観点から，指導要領でも「分数についての計算の意味や計算の仕方を，言葉，数，式，図，数直線を用いて考え，説明する活動」を含むことが求められています．そのため，本単元でも問題をまず図形や数直線で表し，言葉の式を作り，数式を作るというステップを想定しました．

表 4-1　小学校 6 年算数「分数×分数」単元に対応した課題分析

内容	主な問題	課題分析
①分数をかける計算	P27（分数）×（整数） ・1dL で $\frac{4}{5}$m² ぬれるペンキがあります．3dL のペンキでは何 m² ぬれるでしょうか．	〈前提条件〉 ・単位あたりの量という考え方を理解している． ・分数×整数が計算できる． 〈問題解決過程〉 ①問題状況の理解：$\frac{4}{5}$m² が単位当たりのぬれる量であり，それが 3 回塗れる量のペンキがあることを下図のように視覚的に理解． ②線分に置き換えて問題を理解する． ③言葉の式を作る：1dL でぬれる面積×ペンキの量＝ぬれる面積 ④言葉の式から数式を作る：$\frac{4}{5}\times 3$ ⑤作った式を教師が計算して答えを出す．
	P28（分数）×（分数） ・1dL で $\frac{4}{5}$m² ぬれるペンキがあります．$\frac{1}{3}$dL のペンキでは何 m² ぬれるでしょうか．	〈問題解決過程〉 ①問題状況の理解：$\frac{4}{5}$m² を図示し，その 3 分の 1 の面積を塗ることになることを理解（P28）． ②1 m² を 5×3＝15 分割した単位面積の 4 個分が求めようとする面積になることを理解し，図から答えを求める． ③図の理解から数式を作る：$\frac{4}{5}\times\frac{1}{3}$ ④作った式を計算し，数式からも答えを出す．
	P29（分数）×（分数） ・1dL で $\frac{4}{5}$m² ぬれるペンキがあります．$\frac{2}{3}$dL のペンキでは何 m² ぬれるでしょうか． ・練習問題	〈問題解決過程〉 ・上と同様に図で答えを求めた後，数式を作る． ・数式では，分母は分母どうし，分子は分子どうしでかけると良いことに気づく．
	P30 整数や帯分数を含む分数の乗法 ・$3\times\frac{2}{5}$　・$\frac{3}{4}\times 7$ ・$1\frac{2}{3}\times 2\frac{1}{2}$	〈問題解決過程〉 ・これまでの過程に加えて，整数や帯分数を仮分数になおす手続きが加わる．
	P31 約分のある分数の乗法 ・$\frac{5}{9}\times\frac{3}{4}$　・$\frac{3}{5}\times\frac{10}{9}$ ・$\frac{3}{5}\times\frac{1}{2}\times\frac{4}{9}$	〈問題解決過程〉 ・約分のある計算では以下のステップが求められる． ①分母と分子に同じ数（2，3，5，7 等）で割れる数がないか調べる． ②あれば，その両方を同じ数で割る． ③なければ普通に計算する．
	P32 逆数の意味と求め方	〈学習過程〉 ①かけあわせると 1 になる数を探して逆数の存在を知る． ②逆数の定義を学ぶ． ③与えられた数を逆数にする手続きを学ぶ．
	・練習	

②分数のかけ算を使って	P34 分数倍の意味とその計算 ・12 m² の花だんの $\frac{3}{4}$ に花が植えてあります．花が植えてあるところの面積は何 m² ですか．	〈問題解決過程〉 ①言葉の式をつくる． ②数式を作って答えを求める．
	P35 長さが分数の面積 ・縦 $\frac{2}{3}$ m，横 $\frac{4}{5}$ m の長方形の形をした厚紙の面積を求める．	〈前提条件〉 ①長方形の面積を求める公式を覚えている． ②約分のある分数の乗法を解くことができる． 〈問題解決過程〉 ①長方形の面積を求める公式を思い出す． ②公式に数を代入して式を作る． ③式を計算する（約分のある計算）．
	P36-37 は略	
たしかめ道場	P38-39 ・4観点に基づく評価と振り返り	

04-05　授業展開の設計

　授業展開の設計においては，課題分析の結果に対応した活動を配置し，必要な時間数を設定します．時間数の設定については，理解が難しい箇所を含む場合にはある程度の余裕が必要です．子どもたちが思いのほか理解していない場合には，さらに教師の説明や練習のための時間を追加しなければならないからです．

04-06　評価基準の設定

　単元設計の最後の工程は，主要な個別の学習活動・内容に対して評価基準を設定することです．評価基準とは，学習者が到達した程度を評価するために設定された具体的な水準のことを指します．既に述べましたように，学習指導要録には「算数への関心・意欲・態度」「数学的な考え方」「数量や図形についての技能」「数量や図形についての知識・理解」という4つの観点があります．しかし，観点別評価の観点を子どもに示しても数が多く，抽象的すぎてわかりにくいものがあります．そこで，子どもが理解しやすいように，「めあて」として表現を変えて子どもに具体的な評価の基準を提示するなどの工夫が効果的です．この評価基準の設定の具体例については次の第5章をご参照ください．

04-07 まとめ

　本章では，モニタリング自己評価法の前提となる単元設計について述べてきました．様々な要素が含まれていましたが，最も大事な要素は課題分析です．課題がどのような構造になっており，それに子どもたちがどのように取り組む可能性があるかをできるだけクリアに想定できていることが，子どもが最適なモニタリングをするために必要なことです．

　次章では，この単元設計に基づいて，その中の1つの授業である約分のある分数の乗法の授業に関する学習指導案を作成していきます．

[第4章のまとめ] 単元の組み立て方

●単元選択
- □モニタリング自己評価法を導入する単元には，様々な場面で適用可能な学習手順が含まれているものを選ぶ

●現状分析と目標設定
- □クラスの学習状況や学習態度の現状を明確化
- □学習指導要領とクラスの現状を踏まえて，単元の学習目標を設定

●課題分析
- □問題解決のための前提となる知識やスキルをあきらかにする
- □クラスの子どもたちがどこでつまずきそうか想定しながら問題解決過程を明確にする

●授業展開の設計
- □課題分析で明らかになったステップに従って活動を配置する

●評価基準の設定
- □学習目標に対応した評価基準を設定する

05 授業の組み立て方

05-01 はじめに

　本章はいよいよ第1部の最終章です．ここではモニタリング自己評価法を用いた授業の組み立て方について説明します．この第5章は本書全体の中で最も大事なパートです．第2章で説明した5つの手だて（方略の導入と意義づけ，説明活動，モニタリング・カード，到達度基準に基づく自己評価，小集団討論）をどう実際の授業に組み込むか，前章で取り上げた単元に対応した具体例を示しながら説明していきます．モニタリング・カードの作成事例も一緒にご紹介いたします．その後，これらを盛り込んだ学習指導案の一案を示します．

05-02 モニタリング自己評価法の手だて

(1) 方略の導入と意義づけ

　方略の意義づけとは，方略を教える際に方略を使うことの大事さを子どもに伝えるという教え方です．つまり，モニタリング自己評価法を取り入れるときには，子どもに方略を使うことの重要性を伝えます．この手だてはインフォームド・トレーニングとも呼ばれていて，第6章でその効果について詳しく説明しています．この手だての具体例を実際の単元でみていきましょう．

　「分数×分数」単元の最初には，分数と整数のかけ算を用いる文章題が導入されます．ここでは「1dLで4/5 m^2ぬれるペンキがあります．3dLのペンキでは何m^2ぬれるでしょうか」という問題状況が子どもに示されます．この問題の課題分析結果は第4章の表4-1に示されていますが，わかりやすくするためにここに図5-1として再掲しました．

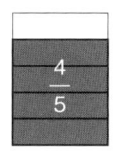

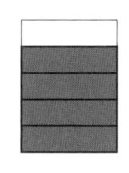

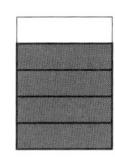

> ①問題状況の理解：$\frac{4}{5}$ m² が単位当たりのぬれる量であり，それが3回塗れる量のペンキがあることを下図のように視覚的に理解
>
> ②数直線図に置き換えて問題を理解する
> ③言葉の式を作る：1dL でぬれる面積×ペンキの量＝ぬれる面積
> ④言葉の式から数式を作る：$\frac{4}{5} \times 3$

図 5-1　1dL で $\frac{4}{5}$ m² ぬれるペンキ 3dL で塗れる面積を求める問題の課題分析（再掲）

　子どもたちに方略とその大事さを説明するには，たとえば，次のような項目を板書したり，プリント物を作成して配布したりします．子どもには以下の4ステップを意識的に適用することの大事さを説明します．

> (1) 問題を読んで，何の話であるかを頭の中で説明すること
> (2) 必ず絵や図をかいて解決のしかたを考えること
> (3) 答えが出たら確かめること
> (4) 3-4 人のグループで，絵や図を基にして，自分の解き方を説明し合うこと

　その上で，これから問題を解くときにはこの4つをかならずやっていくことを約束します．なぜこれらのステップを毎回しっかり踏んでいくことが大事かについては，子どもの理解力に合わせて説明してあげてください．例えば，勉強のできる子とできない子の違いは何だと思いますかという問いかけから入ってもいいでしょう．頭がいいかどうかで勉強の出来が決まっているという回答があると思いますので，それに対して，実は成績は自分がどんな方法で考えているかしっかり押さえている人であるというような説明ができます．解き方がしっかり頭に入っておけば，間違った時にもどこが間違ったかわかります．それに間違いを自分で発見することにも繋がります．なお，本書ではインフォームド・トレーニングという長い名前の代わりに方略使用の意義づけ，あるいは単に意義づけと呼びます．

(2) 説明活動

　上記の板書内容に既に含まれているのが説明活動です．説明活動には自己内で黙っておこなう場合と，自分に向けて声に出しておこなう場合，そして他者に説明する場合などがあります．また，言語のみによって説明する場合と，図表を使って説明する場合などがあります．いずれにしても，自分の思考を見直す効果があり，別の言い方をすると，これらは自己統制

機能を担う活動であるともいえます．説明活動は，それ単独で導入される場合もありますが，次の節のようにモニタリング・カードに関連づけて授業の中で導入すると導入しやすいと思われます．

(3) モニタリング・カードの導入

インフォームド・トレーニングの考えに基づく意義づけも説明活動も，教室において先生から子どもたちに向けて実施すべき活動内容を方向づけ，指示するものですが，教室には多くの子どもが同時に座っているために，それらには教師からの一方的な指示になりやすいという弱点があります．そこで，実際に子どもがどのようなプロセスで考え，あるいはどのステップが理解しにくくて困っているのか，子ども自身が自分で把握しやすくすると同時に，教師が机間指導する際に一目でみてある程度子どもの状況が捉えることのできる手段が必要となります．モニタリング・カードはそのような手段として有効です．

上の分数のかけ算の導入部分を想定して，子どもたちが言葉の式を作っていく問題解決過程をモニタリング・カードとして表現してみましょう．モニタリング・カードに含まれる項目は，次の通りです．

> イ）（オプション）問題解決の前提確認
> ロ）問題解決のステップ
> ハ）各ステップができていることをチェックするための本人用の確認欄
> ニ）（オプション）各ステップができていることをチェックするための友達用の確認欄

項目イは，問題を解決するために必要な語彙やスキルを確認するための欄です．他の方法で確認している場合には必ずしもモニタリング・カードに設ける必要はありません．項目ロをしっかりと作るためには前章でやった課題分析が鍵となります．項目ハの確認欄については，各ステップができたかどうか○×等をつけるだけの場合と，答えそのものを書く場合があります．最後の項目ニは，子ども同士が互いにモニタリングすることが必要な際に導入します．

では，実際の作成例へと進みましょう．問題を理解する上ではまず一体何が知りたいのかということが大事です．次にその問題を解くために用意されている材料が何であるかを明確にします．その次に，それらをどのように使えば，答えが出るのか考えます．ある程度難しい問題についてはまず言葉の式をつくって，それを数式にします．大事なのは，教室全体に教えるときのステップとモニタリング・カードで示すステップが常に同じであって，同じステップを意識的に用いることを子どもに求めることです．

表5-1は，モニタリング・カードの一部を示した例です．問題のステップにあわせて子どもが自分で答えを記入するようになっています．この形式のカードは単元の最初に導入する

表 5-1　自由記述型・個人用のモニタリング・カードの質問例と回答例

順序	手続き	回答
(1)	この問題で解決することが求められているのはどんなことでしょうか	1dL で $\frac{4}{5}$ m² ぬれるペンキ 3dL を使って塗れる面積を求める
(2)	この問題を解くために必要なことで，いまわかっていることはどんなことでしょうか	1. このペンキは 1dL で $\frac{4}{5}$ m² ぬれる 2. いまペンキは 3dL ある
(3)	計算方法を言葉の式にしてみましょう	1dL で塗れる量×今あるペンキの量＝答え

のが向いています．授業でならったことを自分の言葉で置き換えるために有効ですし，自分のペースで書くことができます．この作業は次に言葉で説明する時の準備活動として位置づけることができます．いきなりカードに記入させるのではなく，最初は教室全体で先生が説明してください．その後で個人あるいはペアで取り組むように指示してください．

表 5-2　チェック型・ペア用のモニタリング・カードの質問例

順序	まず自分で確認して OK なら○をつけよう．次に友達にこのカードを渡して，友達に説明しよう．できていたら○をつけてもらおう．	自分用確認	友達 名前（　　　）
(1)	この問題で求められていることが説明できる		
(2)	この問題を解くために使う数がどれか説明できる		
(3)	この問題を解くための言葉の式を作ることができる		
(4)	この問題を解くための数式を作ることができる		

表 5-2 は，表 5-1 で扱ったものと同じ問題に適用していますが，子どもが回答する形式は異なっています．ここでは答えを記入する代わりに自分の頭の中で説明してできるかどうかを確認し，できると思ったら○をつけます．その後，友達に実際に説明して，説明の内容からその内容ができていると思ったら友達に○をつけてもらいます（子どもたちにはくれぐれも正直に答えるように念を押してください）．これによって，子ども同士による相互のチェックができるようになります．

(4) 到達度基準に基づく自己評価

第2章で説明したように，学習者が学習目標に対してどの程度達成しているかフィードバックできるようになっている評価の手続きを到達度評価と呼びます．表5-1や表5-2に示されたモニタリング・カードの構造を見ると一目瞭然なのですが，このカードには学習目標の到達に向けたステップが示されています．したがって，このカードをつかって学習を進めることがすなわち到達度評価であるといえます．

算数以外の科目の例も示したいと思います．社会の授業において，「日本の農産物の産地や耕地利用について調べることができる」という評価規準が設けられたとします．これについて到達度基準を作るとすれば，「よくできる（教科書以外の資料も利用して，事実の関係づけとその理由づけができる）」「できる（教科書資料を利用して，事実の関係づけとその理由づけができる）」「もうすこし（事実の関係づけとその理由づけができない）」という評価基準を設定することができます．しばしば見られる到達度規準の方法はこのような選択肢が設定され，学習者が自分に当てはまる項目に○をつけます．

この方法は学習者に学習目標とその達成へのステップを明示的に示す点では効果的ですし，学習者自身がチェックをおこなうことは自己モニタリングする習慣を学習者に定着させるために必要なことです．しかし，当然ながら，児童が常に正確な自己モニタリングをおこなう保証はどこにもありませんので，そのチェックは妥当ではないかもしれません．そこで，表5-2のモニタリング・カードの例として示したように，自分だけでなく，他者によるチェック欄も設けて，児童が自己評価の妥当性を他者の目を通して確認・修正する機会を設定しています．既に述べましたが，これは同時に教師が机間指導する際にチェックしやすい形式を備えることで，教師によるチェックも促します．

(5) 小集団討論

小集団討論では，ペアの説明活動よりもさらに多くの意見が飛び交うことによって，子どもたちは新しい観点を得ることができます．しかし，複雑なプロセスであるため，用い方によっては子どもが方向を見失い，授業の目標に沿わない活動になりやすい危険をはらんでいます．第3章で検討した話し合い活動のデザイン方法に加えて，モニタリング自己評価法に関する先行研究では，小集団討論を導入するときには，到達度基準を明確にするだけではなく，それらがどの程度達成されているか学習者自身と他者によってモニタリングをしっかりすることが大事であることがわかっています．これは到達度基準が明確に設定されることによって，議論の方向性が明確になるためであると思われます．

05-03 学習指導案の作成例

　これまで説明した自己モニタリング自己評価法の5つ手だてを用いて，学習指導案をどうつくるかさらに検討を進めていきましょう．今回扱う1時間分の授業は前章で扱った第6学年の「分数×分数」単元の一部として位置づけられています．その中でも途中で通分をすることが求められる計算の方法を学ぶのが本時の目標です．具体的なめあてとして「分数の乗法の計算で，約分ができるものについては約分して計算する」を設定しました．表5-3にはモニタリング自己評価法を用いて計画した場合の学習指導過程の例を示しています．左側の欄には活動内容を示しています．活動内容は主にモニタリング自己評価法の手だてと同時に，授業に含めておくべき重要な活動を盛り込んでいます．前章と同じように，子どもたちにはモニタリング・カードという名称ではなく，パワーアップカードという呼び名を使っています．この授業で使う主なモニタリング・カードは，図5-2に示しているものです．また，早めにできた児童に配ることを想定して，図5-3にはもう1つのモニタリング・カードを用意しています．図5-3は図5-2よりも自由度が高く，自分たちで問題を解くステップを考えるという高度な内容になっています．

　本書では，授業に含めておくべき重要な事項を設定する上でガニェの9教授事象と呼ばれる枠組みを採用しました（ガニェ他，2007）．9教授事象には，①学習者の注意を喚起する，②授業の目標を知らせる，③前提条件を思い出させる，④新しい事項を提示する，⑤学習の指針を与える，⑥練習の機会を作る，⑦フィードバックを与える，⑧学習の成果を評価する，⑨保持と転移を高める，という項目が含まれています．授業を組み立てる際に必要となる要素をあらかじめ決めておくと，授業設計を効果的におこなうことができます．これらは学校の教室だけではなく，なにかを教える際には広く適用することが可能な項目です．さらに，これら9教授事象を補完するものとして，本章ではさらに❿授業の見通しを提示する，⓫個人差に対応する，という項目を加えました．以下では，これらに対応させて，表5-3の学習指導案の内容のうち，特に主な活動内容について詳しく検討していきます．

活動内容（1）

　授業の最初に，学習の見通しをつけるために前回までの内容，そしてこれから学ぶ内容について解説します．子どもたちが見通しを持って学ぶためには言葉だけの説明では不十分なことが多いでしょう．そこで単元全体の流れを目に見えるようにする工夫が求められます．15回の授業があったとすると，例えば教科書の余白に15回分の第何回であるか書きこませることができます．これによって進度がわかるので子どもたちも安心して学習できます．また次はどこを学習するかがわかるので予習や復習をする内容もわかりやすくなります．同時に，単元の全体的目標とそれを構成する下位目標を視覚的に理解できる掲示物をつくって算

05 授業の組み立て方

表 5-3 モニタリング自己評価法を用いた学習指導過程の例

活動内容	教師による説明内容・児童の反応予想	教師による支援・評価
(1) ❿見通しを持たせる	「この単元では分数と分数のかけ算を勉強しています．前回は整数や帯分数を分数に直してからかける計算の仕方を学びました」	
(2) ①注意を喚起する	「今日は分数のかけ算をもっと簡単にするコツをみんなに教えます」	
(3) ②目標を知らせる	「めあて 約分できる数を探して，約分してからかけ算しよう」と板書する	
(4) ③前提条件の確認	ことばの式，数の式，帯分数，仮分数，分母，分子，小数，約分の意味をパワーアップカードで確認する	△：丸が少ない語があれば説明する
(5) ④新しい事項の提示 ⑤学習の指針の提供 **（方略の意義づけ）**	・31 ページの1の問題を一緒に解くことを伝える ・答えがわかる人も手続きに従って解くのが大事であることを伝える ・31 ページの1の問題を一斉指導で1ステップずつ解説する（途中約分の斜線は左上から右下に引き，数字は消した数字の真上，真下に書くということを徹底する）	○：パワーアップカードにはまだ書き込まないように告げる ○：(1)「コツは計算する前に約分できる数を探して，見つけたらすぐに約分することです．じゃあ，行きましょう．この式，約分できるかな？」 (2)「ここでもう一度確認します．何を確認するのでしょうか」 (3)「もう約分できません．じゃあ計算します． (4)「はい，計算するとこうなりました．はい，ここで何をしますか？（児童に聞く）」「そう，約分です」（略）
(6) 自己説明 ⑤学習の指針の提供 **（方略の意義づけ）**	・31 ページの1の問題を，パワーアップカードを使って，今度は児童が自分で解く ・答えがわかる人も手続きに従って解くのが大事であることを伝える	○：「頭の中で説明しながら解きましょう．1つの手続きが終わったら，その度毎に確認欄に丸をつけましょう」 △：「聞きたいことがあったら，友達や先生に質問してもいいですよ」 △：自分自身で解くのが難しい子どもにはカードの3を使って支援する ◎：約分で適切な数に斜線が引かれているかをチェック ◎：確認欄をチェック
(7) ⑥練習の機会を作る ⑦フィードバックを与える	・31 ページの2の問題：次もパワーアップカードを使う．解き方を自分で考えて，頭の中でうまく説明できたら確認欄に○を書く．今度はそれに加えて，ペア活動において，その解答プロセスを友達に説明する．友達が理解できたら，友達欄に○を入れる．	○：ペアになってもらう ○：どんな風にペアでやりとりするか，児童の1人に前に出てもらって，教師とペアを組んで見本を見せる ○：最初に個人解答の時間をとって，そのあと説明の時間をとる．そのときにカードをパートナーと交換するよう伝える． ◎：約分で適切な数に斜線が引かれているかをチェック ◎：確認欄をチェック
(8) ⓫個人差への対応 （=⑨保持と転移を高める）	・早くできた児童は「問題を解く方法をつくろう」カードを使って，自分で解答の方略を作る課題に挑戦する	△：まだ (7) の段階が終わっていない児童への机間指導をしっかりおこなう △：適宜進度の早い子どもへのコメントもおこなう
(9) ⑧学習の成果を評価する	・本時の学習成果をまとめる	○：最初のめあてを思い出せた上で，今日学んだことを整理する
(10) ❿見通しを持たせる	・次回の予告をすることで単元全体の位置づけを明確化する	

凡例 ○：教師による指示，△：状況に応じた支援，◎：評価，①〜⑨はガニェの9教授事象に対応しています．❿〜⓫は本書で加えた教授事象を示しています．**ゴシック体**はモニタリング自己評価法の5つの手だてを示しています．

パワーアップカード：約分のある分数×分数

6年　　組　　番（　　　　　　　）

1. 説明できると思ったら（　）に○を，自信がないときは？をつけよう
   ことばの式（　）　数の式（　）　帯分数（　）
   仮分数（　）　分母（　）　分子（　）　約分（　）

2. 31ページの $1\frac{5}{9} \times \frac{3}{4}$ の計算をしましょう．

順序	手続き	確認
(1)	約分できる数を探して約分する	
(2)	約分できる数がもう無いか確認	
(3)	2つの分数をかけ合わせよう	
(4)	「ことばの式」を「数の式」にしよう	
(5)	できた分数を約分できないか確認	

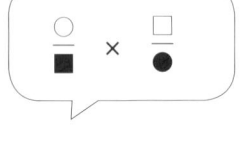

3. 手続きがわからないときのヒント
   ・約分できる数ってどうやって見つけるの？
   (1) ■と○に注目して，両方を同じ数で割れないかチェック！
   (2) ■と□に注目して，両方を同じ数で割れないかチェック！
   (3) □と●に注目して，両方を同じ数で割れないかチェック！
   (4) ○と●に注目して，両方を同じ数で割れないかチェック！
   コツ：同じ数で割れないかチェックするときは2, 3, 5, 7をまず試そう

   $\frac{○}{■} \times \frac{□}{●}$

   ・分数のかけ算ってどうやるの？
   (1) ○と□をかける（＝分子同士をかける）
   (2) ■と●をかける（＝分母同士をかける）
   (3) できた分数の分子と分母を同じ数で割れないかチェック

4. 31ページの2：今度は友達にも見てもらう
   $\frac{3}{5} \times \frac{10}{9}$ の計算をしましょう．

順序	手続き	確認
(1)	約分できる数を探して約分する	
(2)	約分できる数がもう無いか確認	
(3)	2つの分数をかけ合わせよう	
(4)	「ことばの式」を「数の式」にしよう	
(5)	できた分数を約分できないか確認	

$\frac{3}{5} \times \frac{1}{2} \times \frac{4}{9}$ の計算をしましょう．

順序	手続き	確認
(1)	約分できる数を探して約分する	
(2)	約分できる数がもう無いか確認	
(3)	2つの分数をかけ合わせよう	
(4)	「ことばの式」を「数の式」にしよう	
(5)	できた分数を約分できないか確認	

図 5-2　モニタリング・カードの作成例

05 授業の組み立て方

問題を解く方法をつくろう

6年　　組　　番（　　　　　　）

1．問題を書こう．

2．上の問題を解く手順を作ろう．

計算する前にすること	友達確認
①	
②	
③	
計算の方法	
④	
⑤	
⑥	
計算した後に確認すること	
⑦	
⑧	
⑨	

2．友達に説明して，どこの説明はわかったか，どこの説明がわからなかったか，教えてもらおう．友達がわからないときは，自分の説明や手順を変えてみよう．友達に説明できて初めて本当にわかっているといえます．

図 5-3　進度が早い子どものために用意するモニタリング・カードの作成例

数の授業の度に掲示しておけば，いま何をしているのかがわかります．

活動内容（2）
学習者の注意を喚起するために，どんなことがこの授業を通して学べるのか，新しいことは何か，面白いことはどんなことかなどについて授業の最初に子どもたちに伝えます．

活動内容（3）
この授業の学習目標を見えやすい位置に板書あるいは貼付します．目標を明確にすることは，メタ認知的活動の前提となります．目標があるからこそ活動が取り組まれるのであり，目標があるからこそ今おこなうべき行動が決定されたり，修正されたりすることが可能になります．

活動内容（4）
前提条件を思い出させるためには，前回習った内容を子どもにたずね，「前の授業では○○を学習しました」「△△さんにつけたして□□のことも学習しました」と発言してもらいます．これによって子どもの学びを能動的に方向づけることができます．今回の授業案では，図5-1のモニタリング・カードの中にチェック項目をつくりました．このようにすることで，先生は机間を回っていけば，全体の理解傾向と理解度が気になる子どもの状態を同時に把握することができます．もちろん理解度が低いキーワードがあれば，それについて説明をおこなって今回の授業内容へのレディネスをつくっておく必要があります．

活動内容（5）
まずは新しい事項を導入するために，モニタリング・カードはすぐに使わずに注意を教師に集めておきます．個人での活動に移った時に取り組みやすいように，教室前面の黒板等には，モニタリング・カードと同じ書き方で問題解決ステップを示しておきます．これを使って，教室全体の児童とやりとりしながら，問題の理解の仕方や具体的な手続きについて説明します．このとき，先生が説明に使う言葉は子どもが自分1人で問題に取り組むときや友達に説明するときに使える用語やフレーズを使ってください．子どもにとってなじみやすい平易かつ少数の言葉でゆっくりはっきりと説明することが大事です．

活動内容（6）
今度は教師が説明した方法を真似て，子どもが取り組む番です．いきなりモニタリング・カードに取り組ませるのではなく，よくカードを読んだあと，書き込む前に自分の頭で説明させましょう．このとき，ぶつぶつと独り言を言うことは許容したほうがよいでしょう．すべての思考内容はもともと他者との音声言語として機能していたものが，個人の思考の道

具として使われるようになるということが発達心理学の研究によって明らかになっています．独り言は思考をコントロールしようとする試みの現れであると考えられます．まずは自己説明の時間を作り，説明できたと思ったら○，できなかったもしくはよくわからない，自信が無いというときには△をカードに書き込んでもらいます．その結果によって，次の授業の展開が決まります．△をつけた子どもにはどうわからないか尋ねる．あるいは理解度が気になる児童の様子をよく観察し，理解が難しくなっている理由を探りましょう．

活動内容（7）

個人での取り組みが終わったら，次はペアで取り組みます．ペアで取り組む理由はより緻密なモニタリング活動を促進するためです．クラスには多くの場合30名程度の子どもが座っています．子どもたち全員の活動に対するフィードバックはなかなか教師1人や2人では提供できません．しかし，フィードバックがなければ，自発的に学ぶことが苦手な子どもたちは思考力や問題解決能力を身につけることができません．そこで，ペア活動によって子どもたちがお互いにフィードバックを与え合うようにしています．ただし，ほとんどの場合，いきなりペア活動がうまく展開するようにはなりません．何を言えばいいのかわからない子どもも多くいるだろうという前提で最初は取り組まなければなりません．1つの方法は先生が教室前方で子どもたちに向けてデモンストレーションして，モデルを示すことです．

活動内容（8）

どのような授業も教室にいる全ての児童の水準にぴったりとあわせて展開することは実質的に困難であることがほとんどであると思われます．そこで，大多数の子どもたちの水準以外に，より高い水準に達している子ども（オーバーアチーバーと呼ばれます），そしてより低い水準にいる子どもたち（アンダーアチーバーと呼ばれます）の学びを促進するような工夫が求められます．例えば，オーバーアチーバーの子どもには，より高い水準の問題集を用意しておくとか，他の子どもを支援する役割を与えるとかといった工夫があるでしょう．また，アンダーアチーバーの子どもには，彼らに適した到達目標を設定したり，面倒見の良い子どもの近くに席を配置するなどの工夫が必要でしょう．今回の授業では，方略を自分でつくるという，より主体性が求められる活動を通して活用力を育むことを狙って，もう1つ別のモニタリング・カード「問題を解く方法をつくろう」（図5-3）を作ってオーバーアチーバーの子どもに配布しています．

05-04　第1部のまとめ

　これまで第1章から第5章までを使ってモニタリング自己評価法による授業の組み立て方を説明してきました．具体例としては算数のごく一部しか示しておりません．モニタリング自己評価法の授業の組み立て方は，教科や単元，子どもの理解度やその他の特性によって大きく変わります．したがって，今回説明した様々な具体的な内容はあくまで一例として考えるのが適切だと思います．大事なのはモニタリング自己評価法の5つの手だてとして示した授業作りの方針，そして教育評価に対する捉え方です．これらを大事にしつつ先生方が独自の経験と専門性を活かしつつ，新たな教育方法を作っていただきたいと思っています．

　第2部では，これまで説明してきた授業の手だてがどのように発展してきたかについても知りたい方のために，その背景にある理論と実証研究を紹介します．

[第5章のまとめ] 授業の組み立て方

●直接的手だて

□説明活動
　□他者に説明する方法
　□自分自身に向かって声に出す方法
　□自分自身に向かって黙っておこなう方法
　□図表を使って説明する方法

□モニタリング・カード
　□問題解決の過程をステップ毎に分け，1つひとつのステップがクリアできたかチェックする
　□常にこのステップに沿って問題解決することで，手続きチェックが習慣化するのをねらう

□小集団討論
　□考えを広げ，問題解決を進めるために実施
　□小集団でもお互いの思考過程を相互にチェックできるように訓練しておくことが重要

●間接的手だて

□方略の意義づけ
　□方略の概念と方略を使うことの大事さを子どもの理解力にあわせて板書やプリントで説明する

□到達度基準に基づく自己評価
　□到達度を設定し，子どもが自分がどこまで理解できるか自己チェックできるような情報を提供する

第2部
理論と実験授業

　本書で紹介するモニタリング自己評価法を実践するために必要なことは第1部ですでに説明しました．しかし，モニタリング自己評価法がどのような理論に基づいて考案されたのか，どのような研究によってその効果が明らかにされてきたのか知ろうと思えばその内容は十分ではありませんでした．本書の第2部は，そのように専門的な背景を知りたい方のために用意いたしました．

　第2部で紹介する実践研究は，国内外の先行研究を基盤として，小学校の様々な教科で実験授業を実施しながら発展してきたものです．第6章では，モニタリング自己評価法の考え方を形作るメタ認知や動機づけ，教育評価に関する先行研究がこれまでどのように発展してきたか詳しく説明します．その後，第7章では算数，第8章では国語，第9章では社会の授業を対象にした実験授業について紹介します．そして最後の第10章においてこれまでの研究でわかったことをまとめ，今後の課題について検討します．

　第1部と比べると専門的な内容ではありますが，それでも詳細な内容については大幅に省略しています．第7～9章で紹介する研究は既に専門誌に学術論文として掲載されています．本書よりも詳しい実践研究の内容が必要になった際には，引用文献リストにURLを掲載いたしましたので，ご希望の原著論文をインターネットからダウンロードしていただければ幸いです．

06 モニタリング自己評価法を支える理論

06-01 本章の概要

　本章ではモニタリング自己評価法がこれまでどのように発展してきたか，モニタリング自己評価法の元になっている研究知見を検討していきます．モニタリング自己評価法は，本章で紹介する先行研究で明らかになった知見を取り入れると同時に，先行研究ではまだ明らかになっていない疑問に実験的研究によって答えを出すという方法で開発されました．その際に特に参考にされたメタ認知，動機づけ及び教育評価の研究について，詳細を見ていきたいと思います．

06-02 メタ認知研究のはじまり

　メタ認知とは「自分自身の認知過程を対象とした高次の認知」であるということを，第1章において簡単に説明しました．このメタ認知という概念がこれまでどのように発展したかその背景も含めて，理解を深めていきたいと思います．

　メタ認知という概念を提起した最初の研究者の1人はジョン・フラベルでした．フラベルは，メタ認知を「個人の認知プロセスと生産物あるいはそれらに繋がるあらゆることに関連した個人の知識」と定義しています（Flavell, 1976）．フラベルは初めに子どもの発達過程の特徴を捉えるための試みとして，主に知識に注目しました．人が持っている様々な知識の中でも特にメタ認知に関する知識のことをメタ認知的知識と呼びます．フラベルはメタ認知的知識を，人（自分や他者）に関する知識，課題に関する知識，方略に関する知識の3つに大別しました．人に関する知識には，自分の物覚えはどの程度か，自分はどんな認知スタイルか（認知活動に取り組む上での好みや得意さ）などが含まれます．課題に関する知識には，今やっていることの目的は何か，今やっていることはどれ位難しいか等が含まれます．方略に関する知識には，取り組もうとする問題の解決にはどんな準備が必要か，何にまず力を注

いで何を後回しにすべきか等が含まれます.

　幼児は自分の能力に関する知識も大人と比較すると未熟です．フラベルら（Flavell, Friedrichs & Hoyt, 1970）は，子どもが自分の能力の限界に関するより正確な理解をどのように発達させるかを調べるために，様々な年齢の子どもに実験に参加してもらいました．子どもは10枚の絵を見せられます．そこには果物や動物など，日常的なものごとが1枚につき1つずつ描かれています．これら10枚すべてについて覚えることが課題であることを子どもに伝えます．実際に子どもたちが覚え始める前に，研究者は子どもに10枚のうち何枚について思い出すことができそうか尋ねました．そうすると，保育園児と幼稚園児ではそれぞれ57％と64％もの子どもが10枚すべて覚えることができると豪語しました．平均の予想枚数はそれぞれ7.21枚と7.97枚でした．しかし，実際にはそれぞれ平均してわずか3.50枚と3.61枚しか思い出すことができませんでした．それに対して，小学校4年生は10枚全部覚えると豪語した子どもはわずか21％であり，思い出せると予測した平均数は6.14でした．そして，実際に覚えておくことができた枚数は5.50枚でした．このことから子どもが発達することによって，記憶力する能力が高まるだけでなく，自分の記憶能力をより正確に見積もる能力も高まることがわかりました．このような観点で子どもの知的能力の発達を捉えたフラベルらの研究は当時とても斬新なもので，メタ認知に対する関心が高まりました．

　上の研究で検討されたのは主に知識の側面でしたが，メタ認知は頭の中にただ蓄積された知識だけにとどまるものではありません．フラベル（1976）は，メタ認知が知識であると述べると同時に，別のところでは能動的なモニタリングや情報処理活動の制御も含む概念であることも指摘しています．これらをすべて含めてうまく定義したのがベアード（Baird, 1990）です．ベアードによるメタ認知の定義は「メタ認知とは自らの学習に関する知識，気づき，コントロールである」というものです．この定義はメタ認知という語が含む範囲を簡潔に表していると思われます．

図6-1　メタ認知のプロセス・モデル
（Nelson & Narens（1990）に掲載の図を筆者が改変）

メタ認知の知識的側面に加えて，認知過程を明らかにする試みは，まず記憶研究としておこなわれ始めました．メタ認知の構造と情報の流れをわかりやすい図として提案したネルソンとナレンズ（Nelson & Narens, 1990）の研究がその代表です．図6-1 はメタ認知のプロセスをネルソンとナレンズがモデルとして図示したものに，筆者が具体例などを加えて改変したものです．メタ認知の働きとは別の通常の認知活動に対応するのが，「対象レベル」と書かれている部分です．この対象レベルで起こっていることに注意を向けている部分が「メタレベル」です．特定の公式を当てはめて解法を求めるような算数の文章題を想定してみましょう．問題を読み，この問題で求められていることはどのようなことか，この問題状況に適応できる公式は何かなどを学習者は考えます．この過程がメタレベルで起こっていることです．メタレベルにおいて，適応すべき公式が決定されたら，それを実行に移します．計算を実行していくプロセスは対象レベルになります．メタ認知の働きはまだまだ続きます．実際に公式を当てはめていくと，割り切れない数が出てきたりすることがあります．一般的な小学生向けの問題ではそのようなことはあまりありませんから，このことは計算が間違っていることを暗に示しています．「あれ？　これはどこかで間違ったかもしれない．公式が違ったのかな？　それとも計算間違いなのかな？」と考えることがありますが，これもまたメタレベルの働きということになります．

　このように捉えると，メタ認知とはメタレベルと対象レベルの間の情報伝達であるということができます．メタレベルから対象レベルの方向に向かって「公式 A を適用してみよう」という情報が伝達されることを「コントロール」と呼びます．対象レベルからメタレベルの方向に向かって「計算が複雑すぎていつもと違う」という情報が伝達されることを「モニタリング」と呼びます．このような情報がメタレベルに届いた後，メタレベルでは計算をこれ以上さらに続けるか，中止して新しいプランを探して実行するかを決定します．図6-1 に含まれた2つの矢印は，以上のようなプロセスを示しています．メタ認知的活動は，自らの認知過程について情報を得る「モニタリング」と，自らの認知過程を制御する「コントロール」に分けられるということを第1章でご紹介しましたが，この捉え方は実はネルソンとナレンズが提案したものです．

　以上のようなメタ認知研究はそのまますぐに教育現場で活用できる知見を提供するものであるというよりも，基礎研究として位置づけられるものです．これら基礎研究を，勉強が苦手な子どもの支援に活かせる応用研究へと発展させた立役者の1人が次節で紹介するアン・ブラウンです．

06-03 学習者を支援するためのメタ認知研究①

記憶研究

　学習者のメタ認知活動を促進することを通して，学習者が今取り組んでいる課題だけではなく，将来関連した課題においても役立つ学習能力を育成しようとする試みは米国においてまず盛んに取り組まれました．これらの研究は，特に学びが他の子どもよりも遅い子どもたちを支援する方法を確立しようとする試みとしておこなわれたものです．

　この試みに早くから取り組んでいたのが，アン・ブラウンでした．ブラウンの当初の取り組みは学習方略を使うことの大事さを学習者に理解してもらうということでした．当時は，フラベルの研究と同様に，与えられた記憶項目（例えば「りんご」「りす」「きんぎょ」「木のえだ」「いす」「たいよう」等）を決まった時間の間に覚え，その後で思い出すという実験が主流でした．ブラウンら（Brown, Campione & Day, 1981）が調べたところ，項目を覚えるという課題における典型的な学習方略は，与えられた単語を反復的に音読または黙読するリハーサル，関連した項目同士の共通点を見つけ出してグループ化することで項目を覚えるカテゴリー化（例えば「りんご」「きんぎょ」「たいよう」は赤いもののグループなのに対して，「りす」「木のえだ」「いす」は茶色いもののグループ等），物語を勝手に作る等，項目の意味を関連づけて覚えようとする精緻化（例えば「たいよう」の日差しがまぶしいなか「木のえだ」には「りす」が「いす」に座って「りんご」を食べていたところ川に落としてしまって「きんぎょ」が食べちゃいました等）の3つでした．

　こういった記憶課題も含めて，ブラウンは学習者が一般的に辿る認知過程として次のような5つを想定しました（Brown, 1987, 邦訳120ページ）．これらは上で紹介したようなメタ認知の基礎研究を参考にして，学習者が問題を解決していくときに辿るステップを精密にモデル化したもので，これらのステップがうまく実行されることによって学習の成果も上がるだろうと考えられます．

> ①自己の能力の限界を予測する
> ②自分のわからないところを明確にする
> ③問題解決の方法について，予測，計画し，手順を決める
> ④点検とモニタリング
> ⑤活動結果と目標との比較をおこない，実行中の方略の続行，中止を判断する

　このようなメタ認知的過程を促進するためにブラウンが共同研究者と共に一貫して取り組んだ方法は，効果的な学習方略を特定し，それらの学習方略を学習者に教えるという方法でした．どのようにすれば効果的な学習方略が身につくのでしょうか．「身についた」という

ためには，学習方略を学んだ後，しばらくの月日が経った後でも，似たような状況で自発的に使えるようになる必要があります．

　ブラウンらは，それまでおこなわれてきた学習方略を習得するためのトレーニング手法を分析したところ，当時，最も典型的だったのはブラインド・トレーニングと呼ばれるものでした（Brown, Campione & Day, 1981）．ブラインド・トレーニングでは，学習者はインストラクターからなぜいま習っている方略が大事なのか説明を受けません．見よう見まねでインストラクターが示した見本通りの解法をなぞるというものでした．このブラインド・トレーニングで学んだ子どもはそうでない子どもに比べて優れた記憶成績を示しました．しかしながら，しばらく時間を置くと，トレーニングで使ったものと同じ学習課題に取り組んだ場合であっても，これらの方略を自発的に使うことはありませんでした（Brown, 1974; Murphy & Brown, 1975）．

　改善案として考えだされたのが，インフォームド・トレーニングと呼ばれるものです．この方法では，方略を教えると同時にその大事さや効果がどういうものであるか子どもに伝えます（Kennedy & Miller, 1976）．あるいは，1つの方略をいろいろな状況で使ってみて，その結果について大人が言語的にフィードバックをおこなうことを通して，その方略の有効性が理解できるようにします（Belmont, Butterfield & Borkowski, 1987）．これは本書第1部において，方略の意義づけとして扱ってきた教授法です．

　インフォームド・トレーニングはそれほどはっきりと効果がみられた訳ではありませんでしたが，少なくともブラインド・トレーニングよりも学習効果，その後の方略使用の維持，転移（学習したことが他の似た課題でも利用されることを学習の転移といいます）の程度において，より優れた介入の手だてであることがわかりました（Brown & Campione, 1978）．本書のモニタリング自己評価法においても，このような研究結果から，方略をなぜ利用するのか子どもに説明する「方略の意義づけ」という手だてを採用したという訳です．

　ブラウンらによってさらに工夫されたのが自己統制訓練法（self-control training）と呼ばれるものです．方略を使うことの意義づけ（インフォームド・トレーニング）をおこなうだけでなく，それらの方略の実行過程を学習者自身に確認させて自己訓練の機会を設けるようにしました．自己統制訓練の方法はいくつかありますが，その1つに，自分の問題解決過程を声に出させて，教わった方略を適切に運用できているか自分で確認する，自己教示法というものがあります．自己統制訓練法は記憶課題の学習成績が最も高いだけではなく，訓練効果も最も転移することがわかりました（Brown, Campione & Barclay, 1979）．

　この研究においてブラウンらが用意した記憶課題は，子どもたちに何枚かの絵カードを見せ，それらが覚えられたらベルを鳴らすように依頼するというものです（Brown, Campione & Barclay, 1979）．絵カードは一度に一枚しか見られないようになっており，子どもは見たいカードを自由にいつでもどの順序でも見ることができます．絵カードは実験機器に窓として取り付けられており，特定の窓を指で押したときだけ絵を見ることができます．実験に参

加したのは11歳児（平均精神年齢8歳）の年長グループと9歳児（平均精神年齢6歳）の年少グループでした．精神年齢というのは知能テストの成績の平均得点がどの実年齢に相当するかを示した指標です．

子どもたちはそれぞれの年齢グループごとに3つのグループに分けられて，グループごとに学習の条件を設けられました．1つ目の条件はリハーサル条件というものです．リハーサル条件で学習する子どもたちは，一度にリハーサルする絵カードの数を3つにするように言われます．3つ全て覚えられたら次の3つの絵カードの学習に進むことができます．2つ目の条件は予想条件です．予想条件では，絵カードの窓を押す前にその絵カードの内容を思い出してみるように指示されます．最後，3つ目のラベリング条件は他の2つの条件を検証するために設けられたもので，絵カードを見るたびに絵カードの内容を読み上げるということをしました．つまり，これは特に方略を使わない条件で，リハーサル条件や予想条件よりも学習効果が薄いことが見込まれます．

実験の結果，自分で自分の記憶状況をチェックするリハーサル条件や予想条件は，そうでないラベリング条件よりも高い成績を示しました．つまり，自分で自分の状況を把握し，それに伴ってさらにリハーサルを多く繰り返すといった自己統制訓練法が効果的ということがわかりました．

1年後，実験で学んだ自己統制の方略が定着しているか，さらに調査がおこなわれました．特に子どもに方略を思い出すように指示しないで実施した記憶課題では，子どもはかつて学んだ，自分で自分の記憶状況をチェックするという方略を忘れていました．しかし，実験者が「前にやった，何度も絵の名前を言うやり方を思い出して」とか「前にやった，窓を押す前に絵に描かれているものの名前を当てるというやり方を思い出して」などと軽く促すと，記憶成績は60%から90%に一気に上がりました．つまり，子どもたちにとって，方略を覚えていることと方略を使うことは別のことであるということがわかりました．このことを専門用語では「生産欠如」と呼びます．

しかしながら，このように身につけた方略を思い出させる人がいなければそれらを使わないということは学習者としては致命的です．従って，ブラウンらの方略を獲得させるという試みは多少効果がみられたものの，全体的にはうまくいっていません．ブラウン自身も自分たちの研究に対して厳しい評価を下しました．

06-04 学習者を支援するためのメタ認知研究②

文章要約

ブラウンは，以上のような単純な記憶課題における方略使用の定着を試みたあと，文章の要約というより高度で複雑な問題解決過程へと研究を進めました．ブラウンら（Brown,

Campione & Day, 1981）は要約の際の基本ルールとして次の6つを提案しました：

削除	（1）	重要でない部分の削除
	（2）	冗長な部分の削除
置換	（3）	上位の用語による置換
	（4）	上位の動作による置換
トピック文	（5）	トピック文の選択
	（6）	トピック文の作成

（1）は重要さの低い詳細を削除するというルールです．（2）は重要であっても重複する内容は削除するというルールです．（3）と（4）は長い説明を短い単語に置き換えるというルールです．（3）では，例えば，「ネコ，イヌ，金魚，ハムスター，オウムといった家庭で飼われる動物」という表現があれば，これらは「ペット」と一言で言い換えることができます．（4）では，例えば，「ジョンは家を出て，駅へ向かった．駅でキップを買って電車に乗り，ロンドンで降りた」という表現があれば，これらは「ジョンはロンドンへ行った」と言い換えることができます．（5）のトピック文というのは段落全体の意味を示す1文のことですが，これを探すことができればそれがまさに要約ということになります．トピック文が見つからない場合は，（6）にあるように自分でトピック文を作る必要があります．

ブラウンら（Brown & Day, 1983）はこれらの発達的変化を検討するために，小学5年生，中学1年生，高校1年生，大学生，大学教員を対象に，（1）から（6）の基本ルールがどの程度利用されるか調べました．その結果，次のようなことがわかりました．

- 小学5年生であっても90％以上の生徒が基本ルール（1）と（2）を利用する
- トピック文の特定は年齢を追って徐々に利用するようになり，大学生で急増
- トピック文の作成は5年生ではほとんどみられず，高校1年生で3分の1程度，大学生でも半分程度しかみられない．大学生の治療教育対象者では，中学校1年生程度の割合でしかトピック文を作成できず，基本ルール（1）や（2）しか効果的に使えない
- 一方，大学教員の場合はトピック文を作成すべきときには常に作成することができた

ブラウンらは，さらに方略を教えた場合の効果を検討するために，大学生3年生を対象に実験をおこないました．分析対象となった大学生は，作文能力に問題のある学生のグループとそうでない学生のグループでした．2つのグループそれぞれに対して，「自己マネジメント」「ルール」「ルール＆自己マネジメント」「ルールの自己統制」の4つの条件を設定しました．自己マネジメントの条件では，よい要約を書くこと，主なアイデアを掴むこと，些末な内容や不必要な内容を省くことなどをするように勧める一方，具体的にどういうルールで

これらに取り組むかについては教授されませんでした．ルールの条件では，要約の時に利用できる上記6つの基本ルールについて説明がなされると同時に，実験者の手によってモデルが示されました．例えば，何本かの色鉛筆が用意され，赤鉛筆では冗長な箇所に線が引かれ，些末な箇所は青鉛筆で線が引かれ，例が並ぶようなところでは上位概念を示すような語が書き加えられ，トピック文には下線が引かれ，トピック文を作成することが必要なときには書き込まれ，というように進められました．そして，そうやって添削されたものの残りが要約であることが教えられました．ルール＆自己マネジメントの条件では，上記2つの条件でおこなわれたことの両方が教授されましたが，それら2つをどう関連づけるかについては述べられませんでした．最後の，ルールの自己統制という条件は，最も明示的に説明がなされた条件で，ルール条件で教えたことに加えて，ルールが実際に適用できているかチェックする方法も教えました．

　分析の結果，些末あるいは冗長な部分を削除するというルールについては90％以上の正確さで全ての学生が課題を実行できました．しかし，トピック文を選ぶルールに関しては25％，トピック文を作るというルールに関しては15％の学生しか適切に回答できていませんでした．学習者の能力の高さによって，「自己マネジメント」「ルール」「ルール＆自己マネジメント」「ルールの自己統制」のうち，どの教え方が最も効果的かが変わってくることもわかりました．

　トピック文を選ぶという課題の場合，作文が苦手な学生にとって，全ての条件で成績は向上しました．なかでも最も効果的な条件はルールの自己統制でした．ルールだけを教える条件と，ルール＆自己マネジメントの条件における学習の程度は同じでした．このことから，作文が苦手な学生は，ルール＆自己マネジメントの教示を自分たちだけでは統合することができなかったのではないかと思われます．そのため，苦手な学生にとっては，ルールをどのように使うかをしっかりと明示的に教える必要があったと考えられます．

　作文を苦手としない学生においても全ての条件で成績が向上しました．苦手な学生の場合と異なるのは，「ルール＆自己マネジメント」と「ルールの自己統制」の間に差がないという点です．これはすなわちルールと自己マネジメントの両方を提供するだけで，それらをどのように統合すればよいか自発的に彼らが理解したことを意味しています．

　このようなパターンはトピック文を作る課題においても見いだされました．作文を苦手とする学生については「ルール＆自己マネジメント」の条件であってもごくわずかしか改善されませんでした．他方で，苦手としない学生は明示的な訓練を含む条件になるほど，成績が改善されました．

　以上のことから，作文が苦手な学生に対して要約の仕方を教える場合には，方略を示すだけではなく，それを具体的にどのように問題に適用するかについても説明し，訓練することが重要であるということが見えてきました．ただし，これらは大学生についていえることであって，小学生段階でどのようなことがいえるかについてはまだ明らかになっていません．

06-05　学習者を支援するためのメタ認知研究③

文章読解のための相互教授法

　前節までにご紹介してきたアプローチはどちらかといえば，個人をトレーニングの対象として考え，他者との協同がトレーニングの必須要素であるとは考えていませんでした．しかし，その後，ブラウンらの学習者支援研究は急速に学習者同士の相互作用が，学習方略獲得にとって欠かせないプロセスであるという発想に辿り着きます．この背景には他者との相互作用を通してこそ人の知能が発達すると考えるヴィゴツキーの発達理論を援用したことが伺えます．ヴィゴツキーの理論については次節で詳説したいと思います．この新しい展開を迎えた研究において扱われたのは文章読解でした．前節で紹介した文章要約の方略に関する研究も文章読解の1つの過程として取り込まれています．

　パリンサーとブラウン（Palincsar & Brown, 1984）は，物語読解の中で使う方略を定着する方法を提案しました．それは相互教授法と呼ばれる教え方です．記憶方略の研究とは異なり，実際の教室における教え方の手だてとしてそのまま活用できる方法でした．

　相互教授法では，子どもたちは話し合いの中で質問，要約，予想，明確化という4つの方略をお互いに投げかけ合い，答え合います．最初は先生が話し合いを主導しますが，徐々に子ども同士だけでこれらの方略が使えるようにしていきます．こうして身につけられた方略は，話し合いの中だけではなく，1人で読解問題に取り組む際にも利用されることが確認されています．読解方略が1人のときにも使えるようになると，それによって読解能力も上がることが繰り返し証明されています．ここで重要なのは方略が非常に単純なものであり，その数も少ないという点です．もしもこれらが複雑で数が多いものであれば，子ども同士がお互いに教え合うことができません．ブラウンらが相互教授法において大きな成功をおさめた理由はこのような単純な方略を，ごく自然な文脈で子ども同士がおこなえるように学習環境を設計したことにあります．

　相互教授法の具体的な手続きは様々なバリエーションがありますが，例えばパリンサーとブラウンが1984年に実施した手続きは以下の通りです（Palincsar & Brown, 1984）．

1. 教師は生徒6人のグループに1名つきます．生徒は2人1組になりますので，計3組できることになります．
2. 教師は，それぞれのペアに対して，教師役になるのか，生徒役になるのかを指示します．
3. 教師役，生徒役となった生徒はそれぞれその1節を音読します．
4. 音読の後，教師役は，その箇所についてテストなどで尋ねられるようなたぐいの質問を生徒役に対して投げかけたり，内容を要約したり，わからない点を明確化したりした後，先の内容について予測します．

5. このようなやりとりが終った後，教師役と生徒役は交代して，同様なやりとりを続けます．1回の授業では，下記に示すような教師からのフィードバックも含めて，約30分間このやりとりを続けます．

トレーニング開始当時はふつう生徒は教師役としての役割をうまく担えません．そのような場合，教師がまず質問や要約，明確化，予測などのモデルを示し，生徒に全く同じように真似をさせます．スムーズに真似ができるようになれば，徐々に生徒に教師役として自発的に発言させるように導きます．生徒がやりとりにおける役割を理解するのを促すために次のような手だてを用います．

- ヒント：「先生はどんな質問をしてくると思ったかな？」
- 教示：「思い出してね．要約というのは短くしたもので，細かい事は含めません」
- 活動の変更：「質問を考えるのが難しかったら，まず要約をしてみましょう」

また教師は褒めたり，フィードバックしたりしたあと，修正が必要なことについてはモデルを生徒に示します．褒め言葉やフィードバックの具体例は次のようなものです．

- 「良く質問できました．どんな情報がほしいのかとてもよくわかりました」
- 「すばらしい予測ですね．じゃあ，君の予測が当たってるか早速読んでみましょう」
- 「それは面白い情報だね．先生はもっと詳しく知りたいなあ．どこが一番大事な情報か見つけられるかな？」

修正のためのモデルを示した例としては次のようなものがあります．

- 「もし先生が質問するんだったら，こんな風に言うかな……」
- 「先生ならこんな風に要約すると思うよ……」
- 「この発言が不明確なのはわかりますか？」

その他，教師は何度も子どもに，このやり方は読解のときにいつでも使える方法で，本を黙読するときでも頭の中で使うことができることを繰り返し伝えます．また，読んだ後にその内容がわかっているか確かめる方法として，自分の言葉で何が書いてあったかを言ってみること，どんな問題がテストに出そうか推測してみること等があるということも伝えます．

相互教授法で実際にどのようなやりとりが繰り広げられているかみてみましょう．次の書き起こし（事例6-1）は読みが苦手な中学1年生男子のチャールズが取り組んだ初日から15日目までのやりとりです．初日では，チャールズは自力で質問を作ることができない様子な

事例6-1　読解を苦手とする中学1年生の質問する力の獲得過程（チャールズ）

1日目
テキスト：ヌママムシは，アメリカマムシより胴が長く，南部の州で発見されている．それは湿地帯に生息する．アメリカマムシとガラガラヘビと同様に，マムシと呼ばれる毒蛇に分類される．目と鼻の間に小さな穴があり，熱に敏感なために温血動物が近くにいる事を察知するのに役に立つ．ヌママムシの別名はコットンマウス（筆者注：木綿の口という意味）だ．その名前は口のところに白い線が走っていることからきている．

チャールズ：何が南東部のヘビに見つけられていますか，アメリカヘビやガラガラヘビ，マムシとか，そういうのが持っているもの．僕なんかうまく出来ていないや．
教師：そうだね．マムシについて知りたいの？
チャールズ：うん．
教師：どんなのがマムシについての良い質問なんだろうね．「なぜ」から始まりますよ．
チャールズ：（返答なし）
教師：こういうのはどうかな？「なぜそのヘビはマムシと呼ばれるのでしょうか」
チャールズ：なぜマムシと呼ばれていることを彼らは知りたいのでしょうか．
教師：もう一回．
チャールズ：なぜ彼らは，マムシは穴にいるのでしょうか．
教師：これでどうかな？　なぜ彼らはそのヘビをマムシと呼ぶのでしょうか．
チャールズ：なぜ彼らはそのヘビをマムシと呼ぶのでしょうか．
教師：ほら出来た！　やったね．

4日目
テキスト：スピナーのつがいのオスはメスよりもっと小さく，オスの体は鈍い茶色をしている．オスはほとんどの時間をメスの巣の一方に座って過ごしている．

チャールズ：（質問なし）
教師：この段落は何についてのものかな？
チャールズ：スピナーのつがいについてです．スピナーのつがいはどうやって……
教師：いいね．続けて．
チャールズ：どれくらいスピナーのつがいは小さいのかな．何より……どうやって僕は言おうとしたのかな？
教師：ゆっくりそれに時間をかけていいのよ．君はスピナーのつがいについての質問をしたいのよね，彼が何をするのか，「どのように」という言葉で始まるのよね．
チャールズ：どのように彼らは彼らのほとんどの時間を座って過ごしますか？
教師：もう少しよ．質問は，「どのようにスピナ

ので，教師が見本として質問を作ってみせて，それを真似ています．教師は徐々に手助けを減らしていって，最終日には自力でテキストの中心的な内容を問う質問を作り，教師がそれを絶賛しているのがわかります．

　このような訓練の結果，15％の正答率であったものが85％まで上昇しました．実施後6か月後も65％の正答率でした．この相互教授法がそれまでの方略学習と決定的に異なるのは，メタ認知の過程を学習者自身だけではなく，教師や他の生徒といった周囲の人間も支えてくれるということです．

　パリンサーはブラウンと共同で進めた相互教授法の取り組みを成功させた後，理科教育の分野でこの方法を活かします．科学教育での取り組みについて高垣（2005）などで詳しく取り上げられていますので，そちらもぜひご参照ください．

ーのつがいはほとんどの彼らの時間を過ごしますか？」．さあ，質問してみて．
チャールズ：どのようにスピナーのつがいは，ほとんどの彼らの時間を過ごしますか？

7日目
テキスト：ひょっとしたらあなたはどこから溶岩や火山性の産出物が来るのか不思議に思っている．深い地球の内部に熱で溶けた岩の穴があり，それはマグマと呼ばれる．一部がガス圧で上へ押し上げられ，この熱で溶けた岩が絶えず地表に達そうとしている．最終的に──地殻の岩石やいくつかの似たような脆い地帯の隙間という方法で──マグマは地面からあふれ出すこともある．それはそのとき穴から溶岩として流れ出る，もしくは空のほうへ溶岩の粒子の濃い雲として噴出する．

チャールズ：どうやって下からの圧力はたくさんの熱い岩石をその開いているところに向かって押すのかな？それは圧力なのかな？
教師：もうひとつね．あなたの質問を「～するとき何が起きましたか？」から始めてごらん．
チャールズ：下からの圧力がたくさんの熱い岩石を入り口に向かって押したとき，何が起こりますか？
教師：良かったね！　よくやった．

11日目
テキスト：最も興味深い食虫植物のひとつはベニスのハエジゴクだ．この植物はたった一つの世界の小さな場所に生息する北と南カロリナの沿岸の湿地だ．ベニスのハエジゴクは異常には見えない．それの習性は，しかしながら，植物が不思議であることを事実にしている．

チャールズ：何が最も興味深い食虫植物でしょうか．そしてどこにその植物は生息しているのでしょうか？
教師：2つとも素晴らしい質問だよ！　両方とも明確で重要な質問ね．じゃあ今度は私たちに，たずねてみてくれるかな．

15日目
テキスト：科学者はさらに南極にある変わった光について研究しに来た，それは南極の夜の間頭上で光を放つ（それは寒く，孤独な世界でごく少数の我慢強い人々，極の夜の「冬を終わらせるもの」にとってです）．これらの「南方の光」は空気中の電子粒子がマグネットに接するような地球の活動によって引き起こされる．それらはヒントで，地球の中心部と空気に覆われているものの上層の縁を理解するのに役立つかもしれない．

チャールズ：どうして科学者は南極に研究しに来たんだろう？
教師：素晴らしい質問だよ！　それがこの記事のすべての内容についてだ．

06-06　メタ認知を促す背景にある発達理論

　要約の方略を身につけるための研究では，学習者の能力に応じて提供すべき支援の程度が異なることが示されました．また，読解力をつけるために開発された相互教授法では，他者とのやりとりとして展開されたプロセスが個人の方略として定着する事が示されました．これらはともにヴィゴツキーという発達心理学者の理論に導かれたものです．

　ヴィゴツキーは個人の思考能力を含め，あらゆる高次の認知能力が他者との相互作用を通してしか獲得されえないということを指摘しました．このことはヴィゴツキーの述べる文化的発達の一般的発生法則で述べられています．ヴィゴツキーは次のように述べています（Vygotsky, 1966）．

> ……子どもの文化的発達におけるすべての機能は，二度，二つの水準にあらわれる．最初は社会的水準であり，後に心理的水準にあらわれる．すなわち，最初は精神間カテゴリーとして人々の間に，後に精神内カテゴリーとして人々の間にあらわれる．このことは，随意的注意，論理的記憶，概念形成，意志の発達など，いずれにも同じようにあてはまる．

 このことはつまり，他者との間でできたことが個人内でも後に現れるということです．私たちはしばしば自分の頭の中にイメージや言語として作り上げることによって初めてそれを他者に伝えることができると考えます．しかし，ヴィゴツキーは，人が新しい認識能力を身につけるときには，まず他者との間でその機能が発現すると主張しています．この説によると，あらゆる新しい認知的技術や能力は他者との交流を通してのみ身につくことになります．ここでは詳細には触れることはできませんが，ヴィゴツキーの文化的発達の一般的発生法則は多くの実証研究によって支持されています．
 しかしながら，ただ単に他者と交流すればよいというものではありません．学習者の状況や能力に応じて働きかけを調節することが求められます．適切な働きかけの水準というものを概念化したのがヴィゴツキーのいう「発達の再近接領域」という概念です．
 発達の再近接領域に働きかけるような個別支援のあり方が，この概念を発端としてブルーナーらによって検討されました．それが「足場づくり」です（足場かけ，あるいはスキャフォールディングとも呼ばれています）．ウッドら（Wood, Bruner & Ross, 1976）は大人が子どもに働きかける以下のような支援を足場づくりと名づけました．

- 課題を単純化することによって問題解決に必要なステップの数を減らし，学習者自身が問題解決過程の全体を見渡せるようにして，いつ問題が解決したのか認識できるようにする．
- 子どもの動機づけと活動の方向付けを通して，目標の追求を維持する．
- 子どもが生産したものと理想的な解との決定的な違いを特徴づける．
- 問題解決の途中で生じるストレスを少なくする．
- 遂行すべき理想的な仕方で問題を解いてみせる．

 先にご紹介したパリンサーやブラウンによる相互教授法もウッドらの足場づくりの概念やその具体例を参考にして開発されたものです．これらは幼い子どもとふれあう親が子どもを日常生活のなかで意図せず手助けする過程と同じものです．そのような双方が働きかけあうような，支援者の働きかけが学習者の活動を阻害しないようなさりげない手助けが学習者の能力を高めます．

06-07 動機づけを促進する教育評価の方法

　メタ認知活動を促進するためには動機づけの問題も避けては通れません．学校での学習を考えたとき，動機づけはいくつかの種類に分けて考える必要があります．1つの分類は，内発的動機づけと外発的動機づけという分類です．ある子どもたちは学びの対象そのものに夢中になっています．大人がほめなくても，また叱らなくても学習に取り組みます．学ぶことそのものに学ぶ理由があります．このように学びの内側に学ぶ理由があるような動機づけを内発的動機づけと呼びます．他方，勉強して良い得点を取ることによって自分が注目されたり，ライバルに勝ったり，ほめられたりといった学ぶ活動に付随する物事に学ぶ理由があるような動機づけを外発的動機づけと呼びます．学習がはかどるならどちらでも良いと思われる向きもあるかもしれませんが，自ら考え，他者と協同する力と深い関係にあるのは内発的動機づけです．また内発的動機づけは，より健康的で長期的な努力に結びつきます（Ryan & Deci, 2000）．

　しかし，内発的動機づけが学習を深めるために重要だとしても，何に興味を持つかを決めるのは子ども自身ですので，教師は何も働きかけることができないのではないかという不安も残ります．大人が賞罰を用意することによって容易におこなうことのできる外発的動機づけに比べ，内発的動機づけを促進することは難しいように見えます．これまでの研究ではこの問題を，評価の仕方を工夫することで解決しようと試みてきました．その1つの工夫の仕方は評価主体，つまり評価を実施する者を誰にするのかということです．小倉・松田（1988）は，中学校1年生を対象にした研究で，他者評価だけをおこなった場合も，他者評価と自己評価を組み合わせた場合にも内発的動機づけを著しく低下させるのに対し，自己評価だけをおこなった場合には内発的動機づけを著しく上昇させることを指摘しています．これと同じ結果は他の研究（Salili, Maehr, Sorensen, & Fyans, 1976）によっても報告されています．

　評価主体に加えて，評価基準も重要であることがわかっています．鹿毛・並木（1990）は，6年生を対象にして，相対的評価と到達度評価が内発的動機づけにどのような効果を及ぼすか検討しました．この結果，相対的評価は子どもの内発的動機づけを低下させたのに対して，到達度評価は内発的動機づけを促進させました．自己評価は到達度評価ほど内発的動機づけを高めることはできませんでした．さらに，他者評価であってもそれが到達度評価に基づくものであれば，自己評価よりも内発的動機づけを高めることが報告されています（鹿毛・並木, 1990）．さらに，鹿毛（1993）は，自己評価は到達度評価と組み合わせられた時に初めて，学習者が思考過程を重視する態度を高めること，そしてこれが学習意欲の低い者に対して特に有効であることを明らかにしています．

　このことについて鹿毛（1993）は，到達度に基づく自己評価を導入することによって，学習者は学習内容に対して能動的に取り組み，対話ができるようになると考えています．これ

は自己評価の対象を，学習成果の自己採点のみならず問題解決過程における学習の進捗状況にまで拡大した捉え方だといえます．この捉え方は，評価というのは教師が学習者に対して一方的におこなうものではなく，学習者が自らの学習に対してより大きな責任を担えるような状況を作り，本来学習者が持っている主体性を発揮しやすくするための手だてであるということを明らかにしています．

ところで続（1969）は，評価は目標追求活動における自己調整機能の一環であり，追求活動の結果と目標との関係をチェックし，調整活動のためにフィードバック情報を提供するものであると述べています．さらに，続（1969）やBrown（1978）は，自己評価は方略の実行過程における評価やエラーの修正等の自己統制であるとしています．このような捉え方からわかることは，評価に関する研究とメタ認知に関する研究は，実は同じ問題を扱っているのだということです．この2つのテーマに関する知見を併せて指導方法を提案することによって，梶田（1982）が古くから主張しているような，評価と指導の一体化を図ることもできます．評価と指導との一体化については，ブルームによるマスタリー・ラーニングに始まり，上記に述べてきたような研究上の発展がありますが，これらの知見を集約し，学校の授業で活用しようとする試みがモニタリング自己評価法だということができます．

06-08 研究上の課題

本章で述べてきたように，ブラウンらは，効果的な方略教授の方法として，方略を学ぶ意義を学習者に説明すること（インフォームド・トレーニング）と同時に学習者が自己統制して方略を学ぶ機会を設けること（自己統制）を提案しました．この方法が効果的であることは実験室における学習訓練で確かめられていましたが，学校の授業での効果を直接調べたものはほとんどありません．そのため，ブラウンらの提案が実際に学校でも活用できるか検討する必要があります．この研究テーマは第7章1節で紹介される中川・新谷（1996）がおこなった実験研究で取り組まれました．

評価と動機づけの関係についても，鹿毛（1993）は，自己評価と到達度評価の組み合わせが高い効果を持つと述べていますが，教室で具体的にどのようにこれらを取り入れればよいのかについては明らかになっていません．実際の教室でおこなわれる授業で，自己評価と到達度評価とを組み合わせることで子どもは動機づけられるのでしょうか．このテーマは第7章2節で紹介される中川・松原（1996）および同章3節で紹介される堺・中川（1997）がおこなった実験研究で取り組まれました．

また，ヴィゴツキー理論やその影響を受けたブラウンやパリンサーらの取り組みが功を奏したように，小学校の授業においても話し合いは子どもの自己統制を支援し，ひいては学習理解も促進するのでしょうか．このテーマについては，第8章1節において中川・守屋

(2002),同章2節において竹内・中川（1999），第9章1節において佐々原・中川（1998），そして同章2節において中川・梅本（2003）で幅広く検討されました．

　次の章からは，これらの先行研究ではまだ明らかになっていない上記の点を含めて，モニタリング自己評価法の効果を検討するために本書の筆者らが取り組んだ実験授業についてご紹介します．

07 モニタリング自己評価法の実験授業（算数編）

07-01　中高学年算数の文章題における自己統制訓練の効果

(1) 本実践研究のねらい

　前章で既にご紹介したように，ブラウンら（Brown, Campione & Day, 1981）は子どもに方略を効果的に教えるには，方略を学ぶ意義を学習者に説明すると同時に，学習者が自己統制して方略を学ぶ機会を設ける必要があると指摘しています．インフォームド・トレーニングと自己統制を用いることの効果はブラウンら等の研究によって実験室における学習訓練で確かめられていましたが，学校の授業での効果を直接調べたものはほとんどありませんでした．そこで，ブラウンらの主張が実際の教室でも成り立つか検討したのが中川・新谷（1996）の研究です．

　中川・新谷（1996）は自己統制訓練を導入する事の効果を検証することと，その導入期間の長さを特に検証することをねらって実験授業をおこないました．

　研究対象は小学校3年生と5年生の算数の文章題です．比較する授業方法は主に4つです．1つ目の方法は，(A) 意義づけ＋長期自己統制訓練条件でした．この条件では，単元の最初の時間に，子どもに次のように指示しました：①問題を読んで，何の話であるかを頭の中で説明する，②必ず絵や図を書いてから答えを求める，③答えが出たら，もう1度確かめる，④3-4人のグループで，絵や図を基にして，自分の解き方を説明し合うことが大事である．その後の25分間では，問題プリント1枚を配布し，上の①〜③を大事にしながら1人で問題を1番から順に解きます（自己統制訓練）．解くときには，文章を読み，絵や図等に表わして問題を考えて解くよう指示しました．授業者は個別に机間指導をおこない，最初は答えの間違いのみを指摘します．解法がわからない児童には，「この問題は何についての話ですか」と尋ね，話ができれば，絵や図を書いて問題を考えるように指示します．話ができない場合は，もう1度問題を読み，何についての話か考えるよう指示します．2回目の机間指導時に，話ができた場合には，絵や図に書くように指示します．話ができない場合には，授業者が問題を読み，次に絵や図を書いて説明を加えます．授業の後半では，モニタリング訓

練として，3-4人グループになって自分の解法をお互いに説明します（他者への説明による自己統制訓練）．授業者は机間指導で説明の仕方や考え方を適宜助言しました．遅れの目立つ児童に対しては丁寧にサポートしました．つまり，この条件では，教師の教示によって思考過程を明確にする活動と他者に説明する活動の2点において自己統制訓練を導入しました．これらの手続きを実践研究としておこなわれた6回の授業で毎回実施しました．また，この条件では，反復的な練習の重要さを検討するために，実験授業開始1か月前より，1日1回約40分間，別の単元の文章題で毎日実施しました．

2つ目の方法は，(B) 意義づけ＋短期自己統制訓練条件でした．基本的には(A)と同じ教え方ですが，こちらは授業以前の自己制御訓練をおこないませんでした．

3つ目の方法は，(C) ブラインド・トレーニング条件でした．この条件では方略を児童に紹介するだけです．上記2つの条件と異なり，方略導入の意義づけや自己制御訓練，モニタリング訓練はおこないません．具体的には，問題解決の方略・スキルを習得できるような設問を設けたワークシート（岡本，1992）を用いて，問題解決過程（結果の予想，問題理解，プラン，実行，結果の評価）についての考えを児童が書き込みます．訓練中は，授業者は答え合わせのみをおこないます．

最後，4つ目の方法は，(D) 通常授業条件でした．これは通常実施されている授業で，特に新しい工夫はおこないませんでした．上記(A)〜(C)の3つの条件の学習効果を比較検討するために設定されました．

(2) 対象授業

対象となった単元は，小学5年生算数の「小数のかけ算」（6時間）でした．公立小学校5年生，計133名が参加しました．条件ごとの人数は以下の通りです．なお，実験授業に先立って，4つの条件で成績に違いがないことが確かめられました．

(A) 条件　34名（男子18名，女児16名）　　(B) 条件　30名（男児15名，女児15名）
(C) 条件　35名（男児21名，女児14名）　　(D) 条件　34名（男子19名，女児15）

(3) 授業の効果

以上の4つの条件においてそれぞれどのような教育効果が見られたか長期的な視野に立って検討するために，単元終了後に少しずつ内容を変えながら，研究授業終了の翌日，2週間後，7週間後，6か月後の計4回の確認テストを実施しました．その結果，A条件で学習した児童は，授業後に実施した4つのテストのいずれにおいても，C条件とD条件よりも統計的に有意に高い得点を獲得しました．

研究授業終了の翌日においては，A条件の子どもは，C・D条件よりも高い成績を，B条件の子どもはC条件よりも高い成績を示しました．2週間後においては，A条件の子どもは他の全ての条件よりも高い成績を，B条件の子どもはC条件よりも高い成績を示しました．

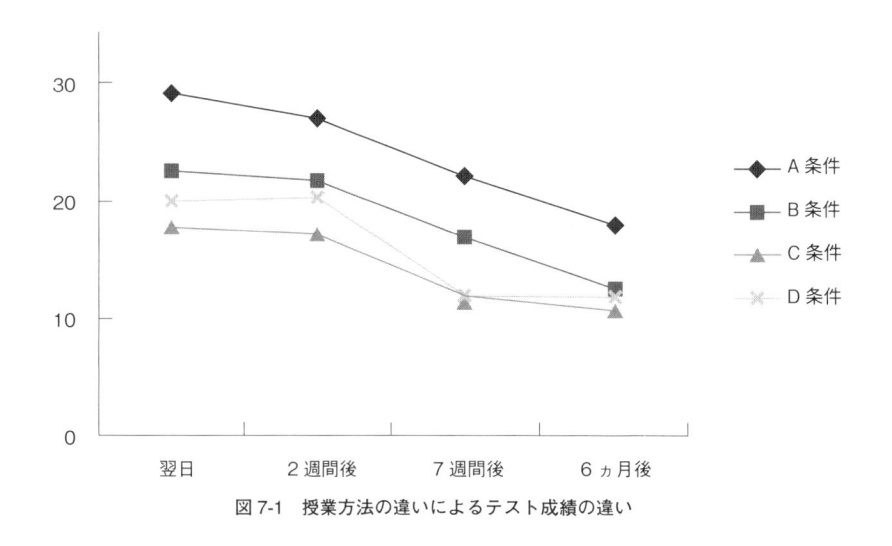

図7-1 授業方法の違いによるテスト成績の違い

7週間後においては，A条件の子どもはB条件よりも高く，またB条件はC・D条件よりも高い成績を示しました．6か月後においては，A条件の子どもが他の全ての条件よりも高い成績を示したことが明らかになりました．

これらのことから，ブラウンらの主張とも一致して，子どものモニタリング活動を促進し，学習内容の定着に繋げるためには，方略を使うことの意義を説明し，2種類の自己統制訓練を組み合わせて実施することが重要であるということがわかりました．特に，長期に渡って持続する力を子どもに獲得してもらうためには，解き方がわかるだけではなく，訓練を十二分に繰り返しおこなっておくことが重要であることが示されました．自己統制のやり方を教えるだけのブラインド訓練は既にブラウンらが指摘しているように効果的でないことも確認できました．加えて，この授業方法は小学校3年生の「あまりのあるわり算」単元の文章問題でもその効果が確かめられました．

07-02 中学年算数の文章題における到達度自己評価法の効果

（1）本実践研究のねらい

この研究では，算数の単元において，学習者が自己統制するためのもう1つの手だてとして自己評価による内発的動機づけの促進という観点が導入されました．このとき新しく加えられたのがモニタリング・カード（自己評価カード）です．モニタリング・カードを使えば，一斉授業であっても児童生徒1人ひとりが具体的な手続きを目で見て確認することができるため，モニタリングに取り組みやすくなると考えられます．この研究は中川・松原（1996）として発表されたものです．

本書第6章7節でも述べたように，鹿毛（1993）は，自己評価は到達度評価と組み合わせられた時に初めて，学習者が思考過程を重視する態度を高めることを明らかにしています．しかしながら，1996年当時においては，どのように自己評価を実際の教室で活用すれば効果的なのかほとんど研究されていませんでした．そこで，本研究は自己評価と到達度評価の2つを組み合わせた条件として到達度自己評価条件を設定しました．加えて，自己評価は導入されるものの，到達基準は与えられず，教師から自己評価の正しさに関するフィードバックのみが与えられる絶対自己評価条件を設定しました．

　この自己評価活動は前節でその重要さが明らかにされた自己統制のプロセスと同様のものです．どちらも学習者が自分自身の思考や行為について特定の観点から検証し，フィードバックを得ながら意識的に修正していく過程を含んでいます．従って，本節で検討することになる授業方法は，自己統制訓練の方法として到達度基準に基づく自己評価や絶対基準に基づく自己評価が用いられているというように捉えることができます．

(2) 対象授業

　某公立小学校3年生2学級の児童58名（男児22名，女児36名）が今回の研究授業に参加しました．片方のクラス（男児11名，女児18名，計29名）は到達度自己評価法によって授業を受け（到達度自己評価条件），もう一方のクラス（男児11名，女児18名，計29名）は絶対的自己評価法で授業を受けました（絶対的自己評価条件）．到達度自己評価条件では，児童は，学習結果を自己採点し，かつ課題解決方法を自己評価カードによって自己評価しました．他方，絶対的自己評価条件のクラスでは，児童は学習結果を自己採点し，その自己評価反応の正誤に関する情報のみを教師がフィードバックするようにしました．

　算数の1単元「わり算の筆算」を取り上げ，教科書の教師用指導書の指導過程に準じて，毎時間の学習指導をおこないました．具体的には，（2位数～4位数）÷（1位数）で商が何十，何百になる暗算，（2位数～4位数）÷（1位数）の筆算の計算の仕方，（2位数）÷（1位数）で答えが2位数になる簡単なわり算の暗算でした．筆算のわり算は参加児童にとって未習事項でした．

(3) 授業設計と実施

　実験授業は算数の授業時間に10時間，各条件の下で教科書の教師用指導書に従って，毎時間，各学級担任教師がおこないました．まず授業の初めに，その時間の学習の目あてを確かめてから，共通課題を各児童に解くよう伝えました．個々人で課題を考えた後，教室全体で話合い，課題解決の方法や本時の学習内容について確認するまで一斉授業をおこないました．その後，本時の学習についてのドリルプリントを個別でおこないました．ドリルプリントの実施時間は5〜15分間です．ドリル実施時間が終了すれば，プリントの途中であってもそこで終わりとし，自己採点するように指示しました．ドリルの解答は，教室の後ろの黒板に

掲示するようにしました．自己採点し，間違いがあれば自分で直し，もう1度解答を確認するよう伝えました．ここまでは2つの条件ともに共通の手続きとなります．到達度自己評価条件では，前述の如く間違い直しをし，もう1度解答を確認した後，図7-2のような自己評価カードを用いて，解決方法について振りかえりを実施しました．自己評価カードの解決方法についての項目は，一斉授業の中ですでに全員で確認した内容を含めてあります．

　図7-2のカードの各項目それぞれの当てはまるところに○を付け，さらに自分の解決の仕方がどうであったかをノートに文章で書くように伝えました．毎時間の授業の中で，解決方法の自己評価を繰り返すことにより，課題解決後，できたかどうかという結果と，自分が実行した解決方法を到達目標に照らし，チェックすることによって，「できた」「〜に気をつけたから正しくできた」「〜のところにもっと気をつけよう」というフィードバック情報を得て，この情報を基にして，自らの実行過程をモニタリングし，学習活動を自己調整する手掛りを児童に与えるために，この自己評価カードの3つの項目を設定しました．

　他方，統制群では，間違い直しをし，もう1度解答を確認した後，プリントを担任教師へ見せにくるように指示しました．担任教師は正解の問題に対して「よくできました」とか「よくがんばりました」と賞賛の言葉を児童にかけて，赤ペンで「すばらしい！」とか「A」や「SA」等を記入しました．ただし，答案の正誤に対してのフィードバックのみであり，解決方法についてのコメントは一切していません．

(4) 授業の効果

[1] 条件による内発的動機づけの違い

　内発的動機づけが今回の実験授業において条件ごとにどのように変化するか検討するために，ハーターの内発的−外発的動機づけテスト（Hartar, 1981，桜井訳，1983）を一部修正したものを用いました．このテストは挑戦，知的好奇心，達成，判断，基準という5つの下位尺度6項目（4段階評定）ずつの合計30項目で構成されています．事前と事後の各条件の動機づけテストの得点を表7-1に示しました．事前テストでは2つのクラスの間差があるとはいえませんでした．しかし，事後でのテストでは，到達度自己評価条件の児童のほうがもう一方のクラスの児童に比べて動機づけテストの得点が高いことがわかりました．

表7-1　条件ごとにみた内発的動機づけテストの得点の変化（括弧内は標準偏差）

種類	到達度自己評価条件		絶対自己評価条件	
	事前テスト	事後テスト	事前テスト	事後テスト
得点	81.79 (12.20)	88.69 (11.65)	80.55 (13.33)	81.48 (13.89)

07 モニタリング自己評価法の実験授業（算数編）

じこひょうかカード　わり算の筆算　No.1
1　できた数　　□　こ
2　できたかな♥
3　見つめてみよう
　① 10のたばが，いくつあるかを
　　考えてできたかな。
　② 100のたばが，いくつあるかを
　　考えてできたかな。
　③ 計算が，正しくできたかな。

じこひょうかカード　わり算の筆算　No.2
3　見つめてみよう
　① まず，10のたばを，分けたかな。
　② つぎに，のこりのたばと，
　　ばらを合わせて，分けたかな。
　③ 一人分は，たばと，ばらを
　　合わせて正しくもとめられたかな。

じこひょうかカード　わり算の筆算　No.3
3　見つめてみよう
　① 10の位から，じゅんに計算
　　できたかな。
　② 「たてる」「かける」「ひく」「おろ
　　す」とじゅんじゅんに　言えたかな。
　③ どの位に書くか，気をつけて，
　　正しく筆算ができたかな。

じこひょうかカード　わり算の筆算　No.4
3　見つめてみよう
　① 10の位から，じゅんに計算
　　できたかな。
　② 「たてる」「かける」「ひく」「おろ
　　す」とじゅんじゅんに　言えたかな。
　③ どの位に書くか，気をつけて，
　　正しく筆算ができたかな。
　④ 文しょうもんだいの，こたえの書
　　き方はオッケー！（たんいをつけて）
　　　　　　　　　（あまりに気をつけて）

じこひょうかカード　わり算の筆算　No.5　おけいこ
3　見つめてみよう
　① 10のたば，100のたばが，いくつ
　　あるかを考えて，できたかな。　1
　② 「たてる」「かける」「ひく」「おろす」
　　と言いながらできたかな。　2　3
　③ 文しょうもんだいの　答えの
　　書き方もオッケー！　4　5

じこひょうかカード　わり算の筆算　No.6
3　見つめてみよう
　① 100の位から，じゅんに計算
　　できたかな。
　② 「たてる」「かける」「ひく」「おろす」
　　と　じゅんじゅんに　言えたかな。
　③ どの位に書くか，気をつけて，
　　正しく筆算できたかな。

じこひょうかカード　わり算の筆算　No.7
3　見つめてみよう
　① 答えが，どの位からたつか，
　　正しく　見つけたかな。
　② 「たてる」「かける」「ひく」「おろ
　　す」と　言いながら　できたかな。
　③ 筆算は，位をそろえて
　　かけたかな。

じこひょうかカード　わり算の筆算　No.8
3　見つめてみよう
　① 答えが，どの位からたつか，
　　正しく　見つけたかな。
　② 「たてる」「かける」「ひく」「おろ
　　す」と　言いながら　できたかな。
　③ 答えがたたないときの〇を
　　わすれずに　かけたかな。

じこひょうかカード　わり算の筆算　No.9
3　見つめてみよう
　① 10の位から，じゅんにわって
　　いけたかな。
　② 「四二が8で，20」「のこりが4」
　　と言いながら　できたかな。
　③ かんたんな　わり算は，
　　もう　暗算でできるよ。

じこひょうかカード　わり算の筆算　No.10　おけいこ
3　見つめてみよう
　① 「たてる」「かける」「ひく」「おろ
　　す」と　言いながら　できたかな。
　② 答えが　どの位からたつか，
　　正しく　見つけたかな。（2⑦〜⑳）
　③ 答えがたたないときの0をわすれ
　　ずに　かけたかな。（1，2⑱⑲⑳）
　④ 文しょうもんだいの　しきや，
　　答えの書き方も，もう　オッケー！（3）

図 7-2　自己評価到達度条件で使われた自己評価カード（中川・松原, 1996）

[2] 事前テストの結果

　事前テストは2つ実施されました．事前テスト1は，実験開始時点までのわり算の既習範囲から30問選んで作成され，各学級担任教師が実施しました．実施した結果，実験群では平均96.03（標準偏差4.48），統制群では平均96.45（標準偏差4.62）でした．この違いは統計的に違いがあるといえる水準ではありませんでした．さらに，実験授業で学習する内容についてクラス間で差がないことを確認するために事前テスト2を実施しました．このテストは，本単元「わり算の筆算」の学習内容のうち，教科書の教師用指導書から基礎的な問題を25問選び作成されました．

[3] 条件による理解度の違いの検討

　実験授業終了の翌日，「わり算の筆算」の事後テスト1を実施しました．このテストは事前テスト2の問題をもとにして，問題の数値や場面を変えて用いました．

　各条件の事前テスト2と事後テストの得点は，到達度自己評価条件では，それぞれ37.17（標準偏差24.16）と93.62（標準偏差7.17），絶対自己評価条件では34.45（標準偏差27.39）と84.24（標準偏差18.06）でした．この成績を基にして，統計的に分析した結果，事前テスト2では得点に有意な差がみられなかったのですが，事後テストでは到達度自己評価条件の成績が絶対自己評価条件の成績に比べて高いことがわかりました．

　この結果から，自分の学習プロセスをも評価する自己評価活動は，学習の結果のみを評価し，その自己評価反応への教師からフィードバックがある場合よりも学習を促進するといえます．到達度自己評価条件においては，学習者が課題解決過程で「自分には何ができたか，どんなところができていないか」という学習の進捗状況に関する情報が自ら得られ，この情報を基にして自らの学習活動を調整しながら，課題を解決することによって，「わかった」とか「自分でできた」という達成感を経験し，これが内発的動機づけの促進にもつながったのだと考えられます．他方，絶対自己評価条件では，学習者が自己採点し，間違いを直し，もう1度解答を確認するが，自己評価カードを用いないために，問題解決過程をありありとモニタリングすることが困難になっていると考えられます．そして，自らの問題解決過程に関する情報が得られないことで内発的動機づけは促進されにくくなっていたと考えられます．

07-03　中学年算数の文章題におけるモニタリング自己評価法の効果

(1) 本実践研究のねらい

　中川・新谷（1996）による研究では，問題解決方略の意義づけ，自己統制訓練，他者に考え方を説明することの有効性が確かめられました．中川・松原（1996）による研究では到達度に基づいた自己評価を支援するためのモニタリング・カードの有効性が確かめられました．

そこで本節では，小学校4年生の算数の文章題問題を対象として，これら全てを組み合わせたモニタリング自己評価法の効果を検討することにしました．そのために，このモニタリング自己評価法，到達度に基づく自己評価のみを導入する到達度自己評価法，学習者が自分の回答に自己採点するだけの自己評価法という3つの教え方の効果を比較しました．

モニタリング自己評価法では，モニタリング・カードによってモニタリング自己評価訓練を受け，自己の認知活動を当該の条件に照らしてチェックし，調整する機会があります．そのため，子どもたちのメタ認知活動の精度が向上すると考えられます．一方，到達度自己評価法と自己評価法では，このようなモニタリング自己評価訓練を受けていないために，自己の認知活動を当該の条件に照らしてチェックし，調整する機会が少なくなり，メタ認知活動の精度がモニタリング自己評価法に比べて向上されないと考えられます．さらに，鹿毛（1993）によると，第6章6節でも触れたように，このようなモニタリング自己評価訓練の効果は，学業成績の中位群および下位群においてより顕著にみられることが報告されていますので，本実験授業でも同様の効果が見込まれると考えました．この研究は堺・中川（1997）として発表されたものです．

(2) 対象授業

授業に参加した子どもは某公立小学校4年生83名（男児38名，女児45名）で，モニタリング自己評価法による授業を27名（男児14名，女児15名），到達度自己評価法による授業を27名（男児12名，女児15名），自己評価法による授業を27名（男児12名，女児15名）がそれぞれ受けました．

授業内容は小学校4年生の算数のカリキュラムの単元「べつべつにいっしょに」と「式と計算」の2つの単元を融合したものでした．教科書の指導書の指導過程に準じて，10時間計画の学習で，3クラスともに実験者によっておこなわれました．全員，四則計算等は既習でしたが，分配法則，結合法則は未習でした．

クラス間の算数の基礎学力に差がないことを確認するために，事前テストをおこなったところ，差がないことが確認されました．

(3) 授業設計と実施

実験授業は，事前テスト終了1週間後から，算数の授業時間に計10時間，各実験条件で実施しました．表7-2に各クラスの授業の流れが示されています．

モニタリング自己評価法で授業を受けたクラスでは，1日目に授者が「考え方カード」（モニタリング・カード）（図7-3）を配布しました．「考え方カード」は問題解決方略を使用する意義を子どもに示し，その方略の実行過程で自分の思考をチェックし，修正するといった自己統制を促すための道具として用意されました．授業者は毎時問めあての確認後，この方略とモニタリングの重要性を理解させるために，考え方カードの説明を繰り返しおこないま

表7-2 主な授業の流れ

モニタリング自己評価法	到達度自己評価法	自己評価群法
一斉授業（特別な訓練無しで，通常学校教育でおこなわれている授業） ○「今日のめあて」の提示と確認 本時の学習の具体的なめあてを，「わかるめあて」と「できるめあて」として提示． 「わかるめあて」：例えば，「違いを考えて解く方法を説明することができる」「計算のきまりを確かめ，説明することができる」等，計算の仕方や概念について理解するめあてで． 「できるめあて」：例えば，「計算のきまりを使って解く方法で計算することができる」「計算のきまりを使って式をたて，計算することができる」等，数の操作や計算の技能を習得するめあて． ○教科書の例題を用いた教師による一斉授業 全ての群において，指導細案に沿って実施．実験者はどの児童にも常に受容的な態度で接するように努めた．		
個別学習 ○チャレンジドリル ○考え方カードを用いての学習（モニタリング自己評価訓練） (1) 情報の抽出 (2) 関係づけ (3) プランニング (4) 計算 ○自己の解決方法の他者への説明 ○自己採点 ○自己評価カードへの記入	個別学習 ○チャレンジドリル ○全問できた者は交流学習（ノートに問題を自分で作り，互に交換して問題を解くという学習活動） ○自己採点 ○到達度カードへの記入	個別学習 ○チャレンジドリル ○全問できた者は交流学習（左と同様な課題） ○自己採点

した．一斉授業終了後，その時間に対応したドリルを30分間にわたって個別学習しました．この個別学習は毎時間おこなわれました．子どもは考え方カードを用いながら，文章をよく読み，必ず絵や図を描いてから問題を解くことが求められました．この時，授業者は机間指導をおこない，1回目は，正答の児童には○をつけて褒めました．間違っている児童には答えの間違いのみを指摘しました．どのように解いていいかわからない児童には，「何の話ですか」と尋ねて，その質問に回答できれば，絵や図を描いて問題を考えるように指示しました．回答できなかった子どもには「もう一度，問題をよく読んで，何の話かお話できるようにしておきなさい」と指示しました．2回目以降の机間指導では，答えの間違いだけでなく，絵や図，式の間違いも指摘しました．その時点でも，「何の話ですか」という質問に回答できない場合は授業者が問題を読み，次に絵や図を描いて説明を加えました（この段階が自己の解決過程を評価し，エラー修正することの訓練段階になります）．机間指導は，1回目は全ての児童の反応をチェックして対応し，2回目以降はどのように解いていいかわからない児童のみに対応しました．次に，2人1組になって相互に自分の解決方法を説明し合うように指示しました．授業者は机間指導しながら，説明の仕方や問題の考え方等を指導しました（この段階が他者への説明する自己統制能力を習得する訓練に相当します）．机間指導中，考

```
┌─────────────────────────────────────────┐
│              考え方カード                │
├─────────────────────────────────────────┤
│ ◆絵や図をかいて，頭の中でせつ明しなさい． │
│ ◆その答えが正しいか，もんだい文にその答えをいれてたしかめな │
│   さい．                                 │
│ ◆式が正しいか，たしかめなさい．          │
│ ◆数字をかきまちがえていないか，もんだい文を読んでたしかめな │
│   さい．                                 │
│ ◆計算まちがいがないか，もういちどしらべなさい． │
│ ◆もういちど，もんだい文を読んで，どのように，このもんだいを │
│   といたか，せつ明しなさい．             │
└─────────────────────────────────────────┘
```

図7-3 考え方カード（モニタリング・カード）

え方カードの4項目を必ず実施するように念を押しました．最後の5分間で「自己評価カード」を用いて，目標到達度と自己の問題解決方法について自己評価させました．

到達度自己評価法による授業がおこなわれたクラスでも一斉授業後，同様のドリルを実施しました．ここでも先ほどと同じ「考え方カード」の内容を口頭で児童に説明しました．授業者は個別学習中に机間指導をおこない，1回目はできている児童には「よくできるようになったね」「がんばっているね」と，間違っている児童には「間違っていないかな」と，どのように解いてよいかわからない児童には「よく考えようね」と声をかけました．2回目以降の机間指導では，答えの間違いのみでなく，絵や図，式の間違いも指摘しました．どうしてもわからない児童には，モニタリング自己評価法のクラスと同様な個別指導をおこないました．全問ともできた児童には，ノートに問題作りをおこなわせ，できた児童同士で交換して問題を解く交流学習に取り組んでもらいました．個別学習開始30分後に，模範解答を配布し，自己採点をしました．その結果をもとに，今日のめあてと照らし合わせながら，到達度カードに記入させました．この到達度カードの項目は「わかるめあて」と「できるめあて」でした．このカードの各項目それぞれに，当てはまるところに○をつけてもらい，更に自分の到達度がどうであったかを文章で書くように指導しました．この到達度自己評価カードは，鹿毛（1993）の用いた到達度評価用紙と基本的に同じものでした．

自己評価法を用いたクラスでも，一斉授業後，他の2群と同様にドリルを実施しました．モニタリング自己評価法と同じように，毎時間，考え方カードの内容を口頭で児童に説明しました．授業者は他のクラスと同様に個別学習中に机間指導をおこない，できている児童，間違っている児童，そしてどのように解いてよいかわからない児童のそれぞれには到達度自己評価法で教えているクラスと同様に対応しました．全問ともできた児童には交流学習に取り組んでもらいました．個別学習開始30分後に，模範解答を配布し，自己採点の時間をとりました．

(4) 授業の効果

　授業の効果は3つの事後テストによって検討されました．各テストは1問10点で100点満点でした．事後テスト1は実験授業がすべて終わった翌日におこなわれました．問題は教科書に掲載された文章題を踏襲してされた10問からなっています．10問中6問は単元「べつべつにいっしょに」に対応したもので，残り4問は単元「式と計算」に対応したものでした．

　事後テスト2は実験授業終了の2週間後に実施されました．実験授業で学習した教科書の問題を参考に，事後テスト1の文章形式を変えずに数値のみを変えた問題を用いました．

　事後テスト3は実験授業終了の2か月後に実施しました．テストの内容や形式は事後テスト2とほぼ同じでした．

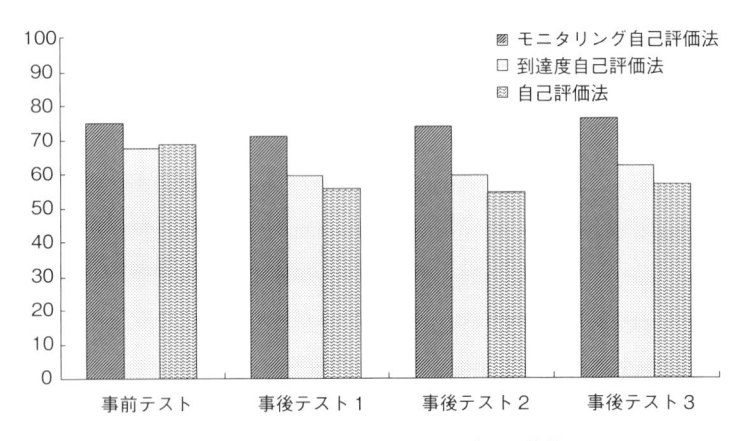

図7-4　各授業法におけるテスト得点の平均値

　図7-4は各授業法のテスト得点の平均値をテストの実施時期ごとに示したものです．統計的な分析手法を用いて，教え方やテスト実施時期によってテストの平均値が変わったかどうか調べたところ，教え方の違いによってテスト得点が左右されることがわかりました．具体的には，モニタリング自己評価法の授業を受けた子どもは到達度自己評価法の子どもよりも得点が高く，到達度自己評価法の授業を受けた子どもは自己評価法の子どもよりも得点が高いことがわかりました．

　次に，普段の学習成績の違いによって，各授業方法の効果が異なるか検討することにしました．各クラスの子どもを事前テストの成績に従って，上位群・中位群・下位群に分けました．学習成績と授業方法の違いの関係を検討した結果，上位群においては授業方法が違っても事後テストの成績は変わらなかったのに対して，中位群においてはモニタリング自己評価法のほうが他の2つの授業方法に比べて高い得点になりました．下位群でも，モニタリング自己評価法の授業は到達度自己評価法よりも得点が高く，到達度自己評価法は自己評価法の子どもよりも得点が高いことがわかりました．このことからモニタリング自己評価法はクラ

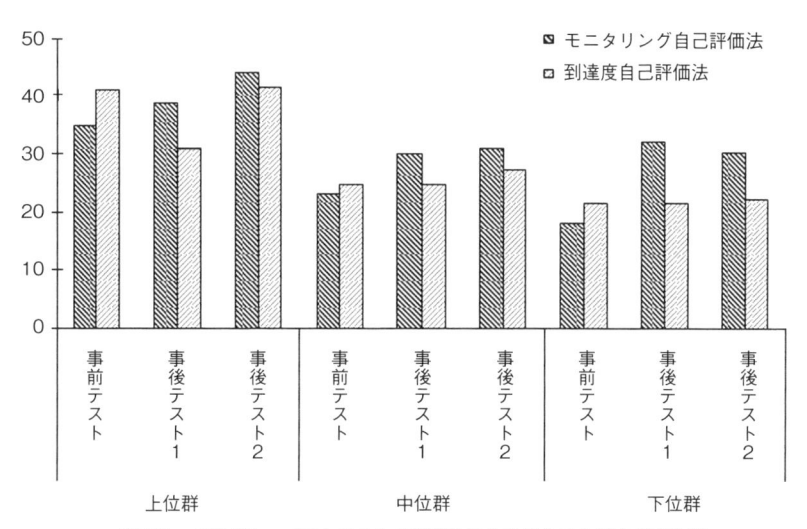

図7-5 成績グループごとにみた各授業法におけるテスト得点の平均値

スの中でも成績が中位以下の子どもたちにより有効な授業方法であることが示されました．

(5) 子どもの反応

　加えて，自己評価カードに記された内容を検討しました．モニタリング自己評価法の授業では，29名中27名の児童が，絵や図の描き方，立式，計算，さらには見直しについて言及していました．しかし，到達度自己評価法の授業では，これらの点について言及した子どもは27名中わずか6名しかいませんでした．また，モニタリング自己評価法の授業では，第1回目の自己評価カードでは，絵や図の描き方，立式，計算，見直しについて言及している児童が13名いましたが，10回目には22名に増加していました．その一方，到達度評価法の授業では，ほとんどの子どもは問題ができたどうかに関する記述（例えば，「できた」「できなかった」「わかった」「おもしろかった」「できたのでうれしかった」「がんばりたい」等）がほとんどでした．これらからもモニタリング自己評価法で授業を受けた子どもが考え方カードによって，自己の認知活動をモニタリングしていたことがわかります．

　モニタリング自己評価法では，学習活動の途中で自己の認知活動過程をモニタリング・カード（考え方カード）によってモニターし，自分の問題解決方法を他者に話し，さらに自己の認知活動過程をモニターするという過程をとることで，文章題の問題の意味がより深く理解され，演算過程で見直しが十分におこなわれ，自己調整がなされ，自己の認知活動の精度が高まったと考えられます．つまり，学習者は，モニタリング自己評価訓練を受けることによって，自ら一斉授業によって学習し同化した学習内容を調整し，自己の認知活動の精度を高めることが促進されたと考えられます．また，学習成績の下位群，中位群について，到達度自己評価法での学習遂行が自己評価法よりも優れていました．これらの結果は鹿毛（1993）の結果に一致するものでした．

08 モニタリング自己評価法の実験授業（国語編）

08-01 高学年国語の文章読解におけるモニタリング自己評価法の効果

(1) 本実践研究のねらい

　算数の授業を対象とした前章の研究では，モニタリング自己評価を用いた教授法が，到達度自己評価や自己評価を用いた教授法に比べて，効果的な教授法であることが明らかにされました．さらにモニタリング自己評価法は，学習成績の上位者に比べ，下位・中位者にとってより効果的な授業法であることが明らかにされました．

　しかし，前節までの実験授業はすべて算数の授業としておこなわれたものでした．モニタリング自己評価法は国語の読解問題でも役立つのでしょうか．そこで本節では，小学校5年生の国語の物語読解を対象に，モニタリング自己評価法の有効性を検討します．今回のモニタリング自己評価法では，モニタリング・カードを小グループ討議と全体討議に導入し，到達度自己評価法とどちらがより効果的か検討します．加えて，本実験授業ではこれらの授業方法が内発的動機づけを促進する効果についても検討します．この研究は中川・守屋（2002）として発表されたものです．

(2) 対象授業

　椋鳩十の作品である「大造じいさんとがん」の単元（12時間）の授業を研究対象としました．某公立小学校5年生2クラスの68名（男児30名，女児38名）が研究授業に参加しました．このうちの1つのクラス（男児15名，女児19名，計34名）では，モニタリング自己評価法による授業が実施されました（以下モニタリング学級と呼びます）．もう1つのクラス（男児15名，女児19名，計34名）では，到達度自己評価法で授業が実施されました（以下到達度学級と呼びます）．2つのクラスについて，事前に国語力を測定したところ，統計的に有意な差はありませんでした．

(3) 授業設計と実施

モニタリング学級では，授業の初めに図8-1のモニタリング・カードを配布し，モニタリングの意義を説明しました．次に，今日のめあてを確認し，児童はモニタリング・カードを基にモニタリングしながら個別学習を進めました．個別学習後，3-4人でモニタリング・カードに基づきながら話し合いました．その後，全体で討論する全体学習をおこないました．授業の終わりに，モニタリング・カードを用いてもう一度自分の学習過程を振りかえる時間をとりました．

到達度学級では，授業の初めに，今日のめあてを提示しました．次に到達度自己評価カードを配布し，自己評価の仕方を説明した後，児童は個別学習に入りました．個別学習後，クラス全体での討論を通して，自分の作った作品の表現を，教科書と比較して吟味しました．これらの学習活動の後，図8-2のような到達度自己評価カードによって到達度を自己評価しました．

(4) 授業の効果

[1] 内発的動機づけの促進に関する比較

今回研究の対象となったどちらのクラスにおいても，単元2時間目にクラス一斉でわからない語句調べをおこないました．モニタリング学級と到達度学級のどちらがより児童の内発的動機づけを促進したか検討するために，この語句の意味調べ数を内発的動機づけの指標として用いました．語句調べでは，児童にわからない語句をまず表に書きこんだ後，辞書で調べるように指示しました．この語句調べ表は単元の毎時間の最初に配布され，授業後に回収しました．調べた数を内発的動機づけの高さの指標とした．分析の結果，モニタリング学級の平均は18.15（標準偏差8.10），到達度学級では2.67（標準偏差10.11）でした．この成績を基にして統計学的に検討した結果，モニタリング学級は到達度学級に比べて意味調べの語句が多いことがわかりました．この結果から，モニタリング学級のほうが自発的にわからないところを調べようという態度を促進したことが伺われます．

[2] 学習理解度の比較

実験授業最終日の翌日に事後テスト1が，さらに2週間後に事後テスト2が，さらに50日後に事後テスト3が実施されました．事後テスト1の問題文には，「大造じいさんとがん」が，事後テスト2の問題文には「片耳の大シカ」が，事後テスト3の問題文には「カガミジシ」が用いられました．今回の授業の効果が他の物語文の読解にも影響するか検討するために，これらの問題文が用意されました．

分析の結果，モニタリング自己評価法で学んだグループはいずれの事後テストにおいても，到達度自己評価法で学んだグループに比べて学習成績が優れていることがわかりました．

パワーアップカード　　名前（　　　　　　）
（　月　日　曜日　時間目）
めあて：人物の気持ち、行動、性格や場面の情景などを想像しながら友達の俳句やラジオドラマ、紙芝居を味わうことができる．
メモをしながら考えましょう．できたら（　）の中に○をつけましょう． 友達の作品の中から残雪や大造じいさんの気持ちや回りの様子がよく表れている文や言葉を見つける．（　　） メモ：   見つけた文や言葉と自分が本文から想像したことの違いを見つける．（　　） メモ：   わからないところを質問する．（　　） メモ：   良いところを見つけ、その理由を説明する．（　　） 　①使っている言葉がいいので、登場人物の気持ちや情景が想像できる． 　　（例：○○という言葉を使っているので，〜の情景が目にうかんでいいなと思いました．）   　②その場面の大事なところを選んでいるので、登場人物の気持ちや情景がよくわかる．

図8-1　モニタリング・カードの例

08 モニタリング自己評価法の実験授業（国語編）

パワーアップカード　　名前（　　　　　　　）
（　月　日　曜日　時間目）

めあて：人物の気持ちや場面の情景が描かれている個所について味わって読むことができ，それを俳句に表現することができる

言葉の工夫

（　）よくできる（詩的な言葉を使って作ることができる）
例：はらはらと，らんまんと

（　）できる（名詞を中心に考えて作ることができる）
例：頭領，がん，じいさん

（　）もうすこし（残雪や大造じいさんの特徴をとらえる言葉を使えなかった）

表現方法の工夫

（　）よくできる（回りの情景と登場人物の行動や気持ちを重ねることができる）

（　）できる（構成を考えたり，たとえを使うことができる）
　　　例：リズムがどこで切れるのがよいか

（　）もうすこし（5，7，5のリズムに合わせることができる）

図 8-2　到達度自己評価カードの例

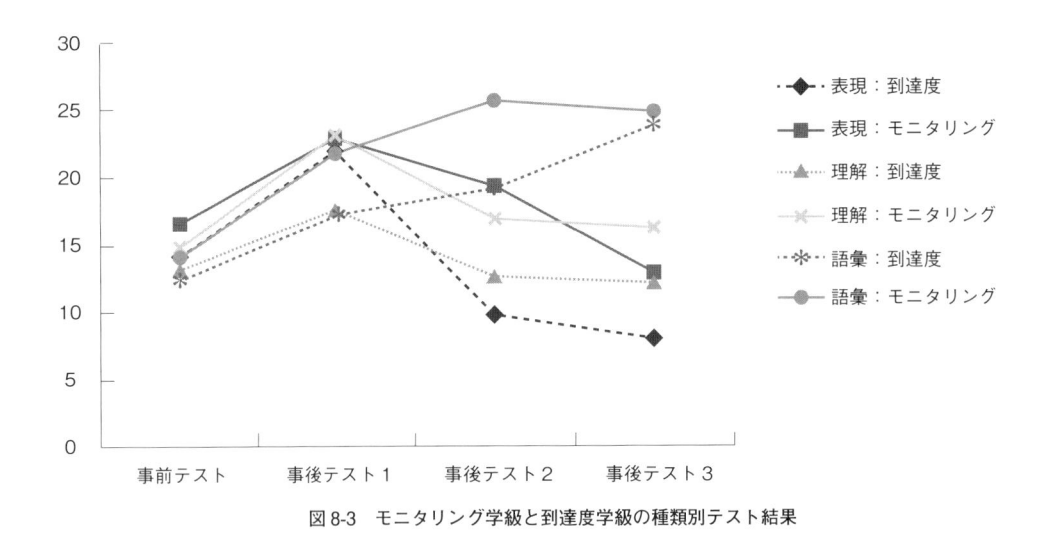

図8-3 モニタリング学級と到達度学級の種類別テスト結果

次に国語力を構成する要素として語彙力，理解力，表現力の3つに分けて検討しました（図8-3参照）．各要素の満点は，語彙力30点，理解力40点，表現力30点でした．事前テストでは，語彙力，理解力，表現力のいずれにおいてもクラス間のテスト結果に差はみられませんでした．

その一方で，事後テスト1では，モニタリング学級は語彙力と理解力において到達度学級よりも優れた点数を得ました．しかし表現力については，クラスによる差はありません．事後テスト2では，モニタリング学級は到達度学級に比べて，語彙力・表現力・理解力のすべてにおいて優れていることがわかりました．事後テスト3では，語彙力以外の得点は全体的に減少しました．しかし，モニタリング学級は表現と理解において到達度学級に比べて優れていました．他方で語彙力については，到達度学級の得点が伸びたことによって2群間に差が見られなくなりました．図8-3に見られる傾向から，モニタリング自己評価法の効果は，授業直後に於いては理解力と語彙力において高く，長期的には理解力と表現力を向上させているといえます．

[3] モニタリング・カードの活用事例

最後に，モニタリング・カードがどのように子どもによって活用されたか，実際の書き込み内容からみていきたいと思います．授業中に書き込まれた図8-4-1と図8-4-2には，創作における児童の問題意識が例示されています．Ⅰ児のモニタリング・カード（図8-4-1）には，「気持ちや回りの様子がよく表れている言葉を見つけることができたが，詩的な言葉は選ばれていない」という自己評価が示されています．主題ははっきりしていますが，表現の工夫ができていないことも自己評価できています．

Ⅰ児の作った俳句は次の2句でした：「はやぶさは一羽のがんもみのがさない」「残雪を助けたじいさんいい人だ」．他方，K児のモニタリング・カード（図8-4-2）の書き込みの記録

によれば，K児は言葉にも表現にも工夫したと自己評価しています．回りの情景と登場人物の行動や気持ちを重ねて入れるのはできなかったと自己評価しています．K児の作った俳句は「がんの英ゆう光る花とともに飛び去った」でした．モニタリング・カードを見ながら自分の俳句を見直していましたが，回りの情景と人物の行動や気持ちを重ねるのが難しいと回答していました．そこで教師が「らんまん」や「とびたった」は言葉の言い換えであり，たとえではないと助言しました．すると「らんまんとさいたすももの花」を「木いっぱいにさいたすももの花」に直し，さらに「木いっぱいにさいたすももの花」を本文の「ある晴れた春の朝でした」に結びつけて，晴れた春の朝の太陽の光をいっぱい浴びたすももの花が光っている情景を浮かべて「木いっぱいにさいたすももの花」を「光る花」とたとえ，また「飛びたった」を「光る花とともに飛び去った」とたとえました．このようにモニタリング・カードに書き込むことにより，創作における思考過程がわかるので，教師は個々人に的確に対応することができます．思考過程がわかることによって，教師が児童の表現を修正するのではなく，創作する過程において児童自身がどこで困難さを感じたか，どこに誤解があったか，なぜできなかったのかを点検することができます．これらのことが子ども自身による作品の改善を促し，内発的動機づけを促進するのだと考えられます．

　以上のことから，モニタリング自己評価を用いた教え方は到達度自己評価法を用いた教授法に比べて，内発的動機づけを高め，国語教育における物語読解の学習促進に役立つことが示唆されました．

08-02　高学年国語の作文におけるモニタリング自己評価法の効果

(1) 本実践研究のねらい

　前節では算数だけでなく，国語の読解問題においてもモニタリング自己評価法が効果的であることが確かめられました．本節でも同じく国語の授業を扱いますが，今度は作文を検討の対象としています．これまでモニタリング自己評価法を用いることで学力を向上させてきた実践事例ではどちらかといえば与えられた問題を解くものでした．それに対して，作文は何をどのように表現するか子どもに任せられているという点で自由度がはるかに高い問題解決状況であるといえます．そのような自由度が高い状況でもモニタリング自己評価法は効果的なのでしょうか．この研究は竹内・中川（1999）として発表されたものです．

　子どもの中には，漢字の書き取りや文章の読解は得意であっても作文を苦手にしている子どもは少なくありません．作文が書けない子どもの多くは，「何を書いていいかわからない」「どう書いていいかわからない」ようです．そのような子どもは「主題・構想・記述・推敲」，つまり「何を書くかはっきりさせ，書く計画をたて，計画に沿って書き，修正する」という作文作成の方略を知ってはいても，いざ書くとなるとそれをうまく適用することができません．

パワーアップカード　名前（　　I児　　　） （　月　日　曜日　時間目）
めあて：人物の気持ちや場面の情景が描かれている個所について味わって読むことができ、それを俳句に表現することができる．

○言葉の工夫
　残雪や大造じいさんの気持ちや回りの様子がよく表れている文や言葉を見つける（○）

　　残雪は，見方をたすける強いやつ
　　二羽の鳥　地上ではげしく　たたかっている
　　残雪を　たすけたじいさん　いいやつだ

　見つけた文や言葉から詩的な言葉を選ぶ（×）
　　例：らんまん，はらはらと

○表現方法の工夫
　回りの情景と登場人物の行動や気持ちを重ねて入れる（×）

　どこで切れるのがよいか考えたり、たとえを使うことができる（×）

　5、7、5のリズムに合わせる（×）

　主題がはっきりしている（○）

図 8-4-1　モニタリング・カードの活用事例：I児の記入内容

| パワーアップカード　　名前（　　　K児　　　）
（　月　日　曜日　時間目）|
|---|
| めあて：人物の気持ち、行動、性格や場面の情景などを想像しながら友達の俳句やラジオドラマ、紙芝居を味わうことができる. |
| ○言葉の工夫
　残雪や大造じいさんの気持ちや回りの様子がよく表れている文や言葉を見つける（○）

　　らんまんとさいたすももの花が，その羽にふれて，雪のように清らかにはらはらと散りました.

　見つけた文や言葉から詩的な言葉を選ぶ（○）
　　例：らんまん，はらはらと
　　　　快い羽音１番

○表現方法の工夫
　回りの情景と登場人物の行動や気持ちを重ねて入れる（×）

　どこで切れるのがよいか考えたり、たとえを使うことができる（○）
　　らんまんとさいたすももの花　➡　木いっぱいにさいたすももの花
　　飛び上がりました　➡　飛びたった

　5、7、5のリズムに合わせる（○）

　主題がはっきりしている（○） |

図 8-4-2　モニタリング・カードの活用事例：K児の記入内容

杉本（1991）は，書くことに先立ってある内容をどんな相手に（読み手の分析），何のために（書く目的）書くのかという2つのことを明確化することが，書き手に「何を（内容的側面）どのように（修辞的側面）書くべきか」という意識をもたせ，既有知識を明確化・統合しながら結果的に主旨が明確で一貫した文章を生み出すのに役立つと主張しています．この考えによれば，作文は事実・知識・意見等を相手にはっきりと伝えるという目的に向かって適切な表現を創り出すという目的志向的な問題解決過程であるといえます．したがって，とても自由度の高い作文においても，他の教科での問題解決場面で見られるように方略の実行過程でのモニタリングや自己調整がおこなわれる自己統制訓練が役立つと考えられます．

(2) 対象授業

　某公立小学校5年生47名（男児28名，女児20名）が実験授業に参加しました．モニタリング自己評価法による授業を受けたのは24名（男児14名，女児10名），到達度自己評価法は23名（男児13名，女児10名）でした．事前テストと事後テスト1・2の実施日に男児1名が欠席したため，事前テストと2つの事後テストの受験者は47名となりました．

　単元は「伝えたいことをはっきりさせて」であり，教科書では「生活の中で強く心に残っていることを題材にして，文章を書いてみよう．その文章を通して自分が伝えたいことをはっきりと表せるように工夫して書こう」という呼び掛けの文章の後，生活文が作文例として提示されています．本実験では，「伝えたい」という書く目的と「何を伝えたいか自分の考えをはっきりさせよう」という意識をより強く児童に持たせるために，書く文章を説明文とし，学習課題名を「校区の自慢できることを他の校区の友達によくわかるように説明する『風土記』をつくろう」と設定しました．この単元は10時間の授業から構成されました．

(3) 授業設計と実施

　実験授業は，モニタリング自己評価法と到達度自己評価法の2条件でおこないました．そ

表8-1　2つの授業方法の主な特徴

授業法	モニタリング自己評価法	到達度自己評価法
教授法	モニタリング自己評価を用いた教授法　モニタリング自己統制訓練と小集団の話し合いによるメタ認知訓練を取り入れた教授法	目標到達度を自己評価する教授法　通常学校教育でおこなわれている学習指導をおこない，全体の話し合い中心の問題解決学習に，到達度自己評価を取り入れた教授法
方略の意義づけ	あり	毎時の授業で実施
自己統制訓練	問題解決実行過程におけるモニタリング，評価やエラー修正等の自己統制を訓練	なし
説明訓練	自己の解決方法を他者に説明する訓練	なし
討論	小集団討論とクラス全体での全体討論	クラス全体での全体討論
自己評価	到達と実行過程とを自己評価	終了後

表 8-2 2つの授業でおこなわれた授業内容の詳細

	モニタリング自己評価法	到達度自己評価法
1時間目	・単元全体の学習計画 ・「こんなふうに作文を書こう」(方略・スキルの説明) ・「見つけようカード」の説明 ・練習用モニタリング・カードで練習	・単元全体の学習計画 ・「こんなふうに作文を書こう」(方略・スキルの説明) ・「筋道を立てて考える」の説明
2時間目	・モニタリングの意義を説明 ・モニタリングによる個別学習 ・小集団の話し合い　モニタリング ・自分の考えの見直し	
3時間目	・めあての確認 ・書く順序の説明 ・小集団討論 「話し合いカード」利用 ・構成メモの修正 ・情報集め	
4時間目	・めあての確認 ・小集団討論(3時間目とは異なる相手)修正した構成メモ、「見つけようカード」「話し合いカード」を使用しモニタリング ・構成メモを修正	
5時間目		
6時間目	・めあての確認 ・クラス全体討論構成メモの書き方と作文の書き方の比較	・めあての確認 ・個別学習 ・全体討論 自分の作品について紹介 良いところ，気づいたことを話し合い ・自己評価「振り返ろうカード」への記入
7時間目	・めあての確認 伝えたい相手，こと，目的を確認 ・「ぴったりした表現」について説明 ・記述の手順の説明 「記述カード」を使用 ・作文ノートに作文記述 「ことばさがしカード」「記述カード」を使用	
8時間目	・めあての確認・モニタリングしながら討論する方法の説明 ・小集団討論「1人の作文を読み，それについて話し合う」3人で3回繰り返し「話し合いカード2―読み手のとき―」「話し合いカード2―聞き手のとき―」を使用しモニタリング，メモの作成	
9時間目	・めあての確認 ・作文の修正 「読み返えそうカード」を使用 前時の討論を参考に作文を修正	
10時間目	・めあての確認 ・「清書カード」を使用しモニタリングしながら清書	

れぞれの条件の特徴は表8-1に示されています．この特徴に対応した具体的な授業展開の内容について表8-2に掲載しました．

（4）授業の効果

[1] 事前テスト

各クラス間に国語の学力と作文能力に差がないことを確認するために，国語の標準テストと作文能力テストを実施しました．作文能力テストは，この時期の学校生活の中から題材を取り上げ，相手に正確に伝えることが児童に必要とされる場面を設定して説明文を書かせることにしました．テーマは「図書館の見学」で，図書館学習を実施した2日後に，「図書館学習の様子を4年生が知りたがっています．4年生に今回の自分たちの経験を伝えるために，図書館のことを説明する作文を書きましょう」と教示しました．作文を書くための時間として，2単位時間を当てました．

[2] 事後テスト

事後テストは2回おこないました．事後テスト1は実験授業終了の翌日に2時間を確保しておこないました．「小学校の自慢を紹介しよう」というテーマで，「授業で書いた校区の自慢の作文に付け足して，小学校の自慢を書きましょう」と指示しました．学習したことは積極的に使うよう助言しました．

事後テスト2は実験授業終了2か月後におこないました．作文の題材は「一学期に心に残ったこと」でした．「学年末に作成する学年文集に載せる作文として，一学期に一番心に残ったことを書き残しておこう」と指示し，2単位時間を使い，学習したことは積極的に利用するよう助言しました．

[3] 作文能力の測定

書かれた作文は次の観点を用いて，4名の採点者が5段階で採点しました．

> ①考えの明確さおよび一貫性：主題に対する自分の考えが明確であり，一貫した文章が書けている
> ②考えと事実の関係：考えの根拠としてふさわしい事実を選び，「考え－根拠」として関連づけている
> ③わかりやすさ：読む人にわかりやすく説明するために，詳しい事実が選択できている
> ④効果的な表現：効果的な表現や語句が使用できている

評定に大きな不一致がみられた場合には4人で協議しました．採点者間の評点の一致率は81.0%でした．各子どもの得点は，4人の採点者の得点を合計したとしました．採点者は，教職経験10年以上の国語科教育を専門とする教師4名で，評定規準についてあらかじめ検討し，任意の作文を取り上げて評定し，協議する機会を持ちました．

[4] 授業効果の分析

　各テストの合計得点を図8-5に示しました．統計学的手法を使った分析の結果，事前テストについては標準テストと作文の両方についてクラスによる違いはみられませんでした．事後テストについては1と2のどちらとも，モニタリング自己評価法を実施したクラスのほうが高い得点を示しました．

　次に図8-6では，観点別の作文得点を検討の対象としました．「考えの明確さと一貫性」と「考えと事実のつながり」については，事後テスト1と2の両方においてモニタリング自己評価法による授業に参加した子どもの得点のほうが到達度自己評価法の子どもの得点よりも高

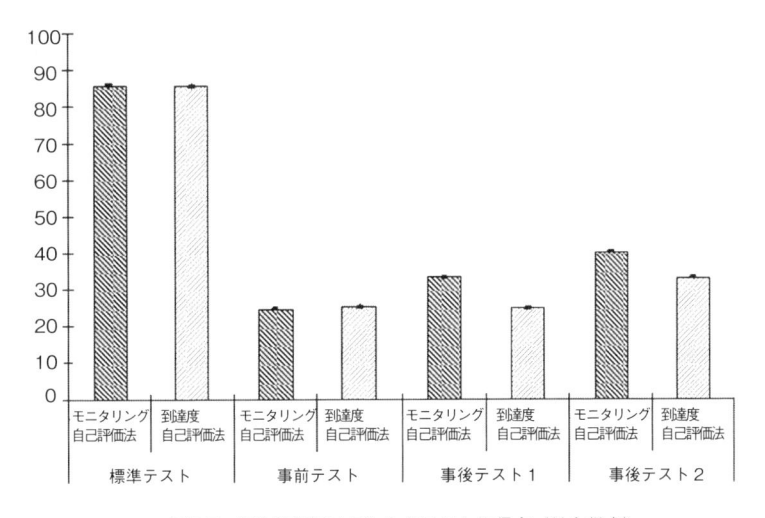

図 8-5　実施時期毎に示した各テストの得点（総合得点）

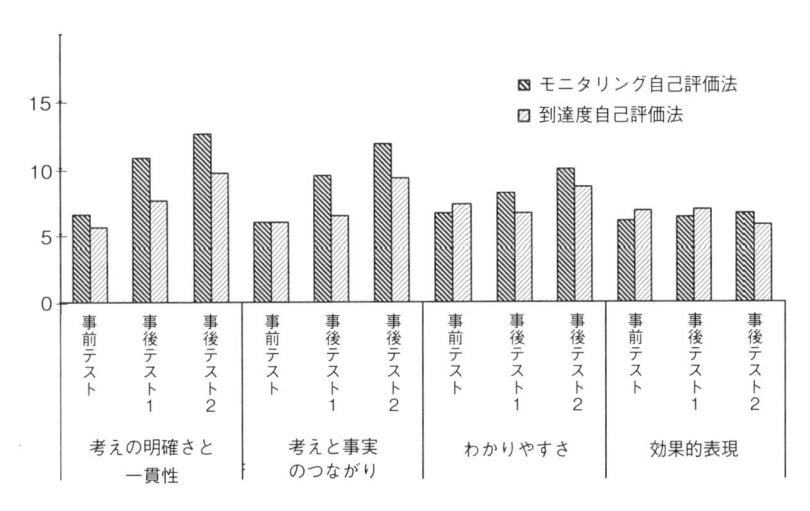

図 8-6　実施時期毎に示した各テストの得点（観点別の得点）

いことがわかりました．「わかりやすさ」と「効果的表現」については事後テスト1と2の両方において特に差はみられませんでした．これは，10時間の実験授業において，語彙の指導に十分な時間がとれなかったことに起因するものと思われます．

[5] 事前テストの成績と授業の効果の関係

モニタリング自己評価法の効果はどのような能力の子どもにも同様に効果をもたらすのでしょうか．事前テストの成績をもとに，各クラスの子どもを上位群，中位群，下位群に分けて作文の得点を検討しました．図8-7はこの結果をグラフにしたものです．統計学的な検討をおこなったところ，下位群では事後テスト1においてモニタリング自己評価法のほうが高い成績を示しましたが，事後テスト2ではクラスによって成績に差があるとはいえませんでした．さらに，中位群と上位群についてはどちらの事後テストについてもクラス間で成績に差があるとはいえませんでした．

以上のことから，モニタリング自己評価法は特に下位群の子どもに対してより有効であることを示しています．これは前節の物語読解における結果と同じ傾向であるといえます．

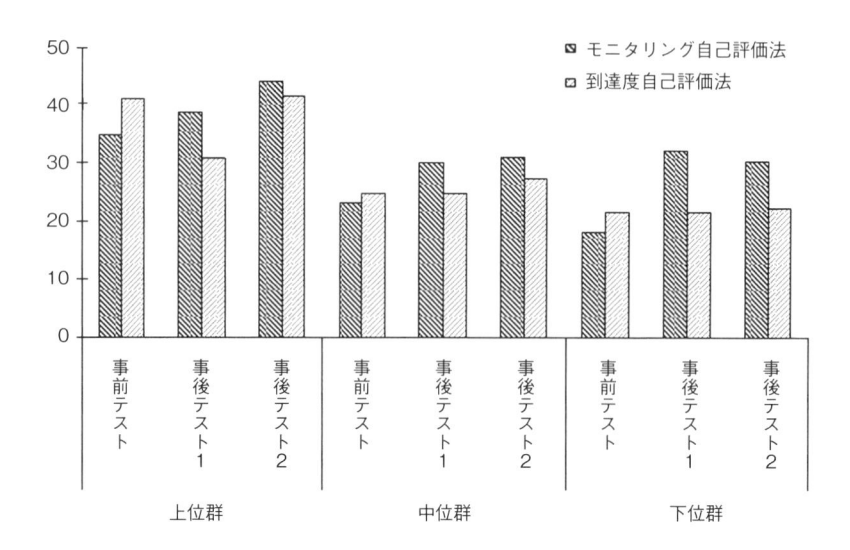

図8-7　実施時期毎に示した各テストの得点（成績グループ毎の得点）

[6] 小集団討議による児童の思考過程

モニタリング自己評価法によって個別の子どもがどのように伸びたかを明らかにするために，事前テストに比べて事後テスト2での伸びが特に大きかったT児を取り上げ，彼を中心とした話し合いと作文がどのように関係していたか検討します．以下にその話し合いの一部を引用します．T児がK児の書いた下書きを音読し，それについて質問しているところからこの場面は始まっています．

> T児：「甘くてみずみずしい」と書いていますが「みずみずしい」とはどういう意味ですか．
> M児：私も「みずみずしい」という意味がよくわかりません．
> K児：味のことはあんまり説明できません．でも食べました．
> 教師：どんな言葉ならよさそうですか．
> M児：う〜ん．「新鮮」．
> （3人で国語辞典を使って「みずみずしい」「新鮮」について調べる．）
> 教師：新鮮な味？　ならいいかな．
> M児：みかんを育てるのは潮風がいいって言いよったよ．
> K児：私もみかんは海のそばで育てた方がいいってお母さんが言いよった．
> 教師：じゃあ，そこのところはもう一回みんなで調べ直そうかな．
> T児：（M児の下書きを音読した後）私はみかんが小さいのは，雨が少ないし土地がやせているというのではなく，私が考えたのは小さいのでそれだけ実がたまっていて甘いという考えでした．でもどうしてMさんは土地がやせているということがわかったのですか．
> M児：家の人にどうしてかと聞くと，雨が少ないし土地がやせているからと言われました．
> K児：平地ではなく山で作っているのはどうしてですか．
> M児：その方がみかんは日当たりがいいからです．

　T児らはどれがよいかと結論づけるのではなく，友達の選んだ「みずみずしい」をめぐって，自分の事実の捉え方と言葉を照らし合わせて適切な表現を求める活動をおこなっています．T児が友達に対しておこなった質問からわかるように，事実を確かめたり，証拠が事実であることを確かめようとする発言もみられました．さらにT児の作文下書きと推敲，および清書された文章によると，構成メモの作成およびその修正，文章の記述，推敲，清書の全過程を通じてT児は絶えず作文の情報として何が必要で何が不必要かを思考していることがわかりました．また自分の考えを事実，証拠をあげながら根拠を持って説明し，「だから自分の考えは〜なのだ」「このように○○○は〜なのだ」とまとめるという筋道を通して論を組み立てる経験を何度も繰り返しているようすがみられました．これらのことから，小集団討論が論旨の一貫した文章を作るのに有効に役立ったと考えられます．

　このような作文作成におけるモニタリング自己統制訓練および小集団討議を用いた教授法が，到達度自己評価を用いた教授法よりも優位な結果が得られたのは，モニタリング自己評価法の持つ特性に起因するものと考えられます．モニタリング自己評価法では，作文作成の途中で自己の認知活動をモニターし，かつ小集団で話し合いをすることによって，児童は，

主題に対する自分の考えの明確化，文章の一貫性，考えの根拠としてふさわしい事実の選択について，自ら調整でき，作文を質的に深化させることができます．このことは小集団討議の記録でも明らかで，メタ認知訓練によって自己の認知活動の軌道を修正し，自己の見解を修正した上で，さらに小集団討議によって自己の意見と他者の意見を，あるいは他者の意見と他者の意見を比較し，自己の考え方の軌道を再度修正し，自己の意見をより客観化していると思われます．

　一方，到達度自己評価を用いた教授法では，学習のめあては明確に提示され，そして作文作成において方略を利用する意義は示されるが，その方略の実行過程での自己統制訓練は受けず，小集団討議もおこなわれないために，児童は主題に対する自分の考えを明確化できず，文章の一貫性や考えの根拠としてふさわしい事実の選択についても自ら調整することが難しいと思われます．

　このように，モニタリング自己評価を用いた教授法の作文作成における優位性は，作文作成の方略・スキルの実行過程での訓練と小集団での話し合いとによるメタ認知訓練の持つ認知活動の軌道修正の促進という機能によるものと考えられます．

09 モニタリング自己評価法の実験授業（社会編）

09-01 中学年社会におけるモニタリング自己評価法の効果

(1) 本実践研究のねらい

　これまでの章で，モニタリング自己評価法は算数や国語の様々な単元において効果があることが示されてきました．本章では小集団討論によるモニタリングの効果について社会科を対象にして検討していきます．

　本実験授業では「モニタリング自己評価法」に小集団内での合意形成を目指す「協働的議論」を取り入れ，子どものモニタリング活動を促進し，深い理解へと導く授業方法を試みます．モニタリング自己評価のための教材として，トゥールミンの議論スキーマ（Toulmin, 1958）を参考に「考え作りカード／ノート」「はてなづくりカード／ノート」「解釈カード／ノート」を開発しました（以下ではこれらをあわせて「自己評価カード／ノート」と呼びます）．本授業の教育効果を検証するため，教師によって評価をおこなう一般的な授業方法の効果を比較します．本研究は，佐々原・中川（1998）として発表されたものです．

(2) 対象授業

　対象授業では，小学4年生社会科の「住みよいくらしをつくる：ゴミの処理と利用」を扱った．対象学級は某公立小学校4年の1組20名（男子11名，女子9名）と2組21名（男子14名，女子7）でした．

(3) 授業設計と実施

[1] 単元の特徴と組み立て

　ゴミ問題は子どもにとって身近な環境問題の1つで，ゴミ出し場やクリーンセンターの見学，ごみ処理に携わる人や地域の人へのインタビュー等，直接情報を収集することが可能ということから，子どもの問題解決力を育成するのに適した教材です．本単元の学習内容は，

表9-1 「住みよいくらしをつくる：ゴミの処理と利用」の単元概要

	授業時間	学習活動	モニタリング関連活動
目標設定	第1時間目	学校や家庭のゴミについて「はてな」を出そう．	①目標設定：取捨選択，関連づけ 課題設定＝（はてなカード等）
	第2時間目	こんなにたくさんのゴミをだれが処理すべきか．	②計画：予想・仮説＝（考えづくりカード等） 調査方法
	第3時間目	「自分のゴミは自分で処理すべき」の考えに賛成か．	③計画実行：調査・見学 解釈＝（解釈カード等）
	第4時間目	目標「私たちのゴミ減量プランを提案しよう．」	④目標の評価：振り返り 新しい課題＝（はてな，考え）
計画	第5時間目	計画「今のゴミの処理について調べよう．」	①目標設定：取捨選択，関連づけ 課題設定＝（はてなカード等））
	第6時間目	どこの地域でも同じか（収集の日，時間，場所）	②計画：予想・仮説＝（考えづくりカード等） 調査方法
	第7時間目	クリーンセンターの見学をしよう．	③計画実行：調査・見学 解釈＝（解釈カード等）
	第8時間目	見学のまとめをしよう．	④目標の評価：振り返り 新しい課題＝（はてな，考え）
実行	第9時間目	実行「新しいクリーンセンター設立作戦」	①目標設定　課題設定＝（はてなカード等） ②計画　予想・仮説＝（考えづくりカード等）
	第10時間目	新しいクリーンセンターをどこに建てるか．	③計画　実行解釈＝（解釈カード等） ④目標の評価　新しい課題＝（はてな，考え）
実行	第11時間目	実行「ゴミ減量プランを提案しよう．」	①目標設定　課題設定＝（はてなカード等） ②計画　予想・仮説＝（考えづくりカード等）
	第12時間目	・3R（リデュース，リユース，リサイクル） ・外国や他の地域の方法も参考にして	③計画実行　解釈＝（解釈カード等） ④目標の評価　新しい課題＝（はてな，考え）

小学校学習指導要領（平成20年3月）の内容（3）「地域の人々の生活にとって必要な飲料水，電気，ガスの確保や廃棄物の処理について，調査したり見学したりして調べ，これらの対策や事業は地域の人々の健康な生活の維持と向上に役立っていることを考える」に対応しています．

この単元は，表9-1に示すように，全12時間の授業として4つの段階から構成されています．表の右端の列には，各授業で中心的におこなわれたモニタリングに関連する活動を示しました．典型的な1時間分の授業展開は次のとおりでした：「個人学習」➡「小集団議論」➡「モニタリング・カード／ノート」（個人）➡「全体議論」➡「モニタリング・カード／ノート」（個人）．

「個人学習」では，自分の考えをノート等に書かせ，言語化させます．続いての「小集団議論」は2～6名程度の小集団を作って，他者に向けて言語化し説明することで，自分の考えを客観視できることを狙っています．以上の手続きを通して浮かび上がってきた考えや気づきを「自己評価カード／ノート」を使うことで，より明確化します．例えば，「考えづくりカ

ード／ノート」は，「主張」「根拠」「理由づけ」を考えさせるようになっています（図9-1を参照）．①主張，②根拠，③理由づけと思考を進めます．児童は「根拠」があれば十分であると考えがちですが，なぜ根拠が根拠となりうるのか「理由づけ」まで考えてもらうことが重要です．このような「自己評価カード／ノート」は，1時間の授業中でそれぞれ1回以上は使われました．続いて「全体議論」では，小集団で深めた考えを全体の場で議論し，複数の視点で捉え直すようにしました．最後にモニタリング・カード／ノートを実施し，自ら考えたことの定着を促すためのモニタリング活動を導入しました．

[2] 議論の促進：課題のつくり方

議論は，課題の設定方法によって大きく影響を受けるため，活発な話し合いをおこなうためには適切な課題設定が重要です．そこで，本授業では，次のような点を考慮しました．

> ①意見の多様性：二つ以上の対立した意見が出る課題を用いる．
> ②根拠の多様性：多様な根拠が持てる課題を用いる．
> ③解釈の切実性：こだわりが生じるような課題を用いる．
> ④解釈の本質性：差異を意識した課題．地域差，時間差，立場の差等による比較を用いる．

以下のような課題は上の4つの点をクリアする課題の例になります：「自分のゴミは自分で処理すべき．クリーンセンターは本当は必要ないのではないか」「ゴミの処理はどの地域でも同じサービスなのか」「もう1つクリーンセンターを作るなら，どこに建てるべきか（3次）」「ごみ減量プランを提案しよう」．

[3] 議論の促進：話し方を教える

①**確認・質問を重視**：議論では，「○○さんが言いたいことは……ですか」（確認）と「○○はどういうことですか」「みんなはこれについて，どう思いますか」（疑問）を積極的に使うよう呼びかけることが重要です．また，「○○さんはどこからそう考えたのですか」「○○さんの考えに反対ですが……」「いつからそう考えたのですか」という質問によって自分の考えと比較させるようにします．他者の考えを吟味する他者モニタリングの力を付けることが，自分の考えを振り返る自己モニタリングの力を深め，それが思考力・判断力・表現力につながると考えられるからです．

②**小集団議論と全体議論を結びつける**：小集団学習では，グループ内で情報が閉じられてしまい，そのまま，全体議論への移行では，情報が上手く流れない可能性があります．そこで，小集団間で道をつけることによって，情報の流れが起こるように，「小集団議論→全体議論」を「小集団内議論→小集団間議論→全体議論」としました．

考えづくりノート

4年（　　　　）

★ 次の順でかんがえよう。

1 まず、ずばり「自分の考え」を書きます。
例「私は、女の人はとくだと考える」のように書きます（　　　　）

2 次に、「考えカード」の事実を書きます。（　　　　）

3 最後に、「考えカード」の理由づけを書きます。
○理由がたくさんあるときは、このくり返しです。（　　　　）

★ 自分の考えを主張する時は、
① 自分の考えの正しさ
② 相手の考えのおかしさ

1 事実（　　　　）

2 理由づけ（　　　　）

私は、○○だと考える。
その理由を書く。
○つある。

○つ目は、・・・・
・・・・・・
（ここには、「理由づけ」を書く）

○つ目は、・・・・
・・・・・・
（ここには、「事実」を書く）

私は△△はおかしいと考える。
その理由を書く。
（同じように「事実」を書く）
もし△△ならば・・・とならないはずだ
（同じように「理由づけ」を書く）

図9-1 「考えづくりノート」と「考えづくりカード」（続く）

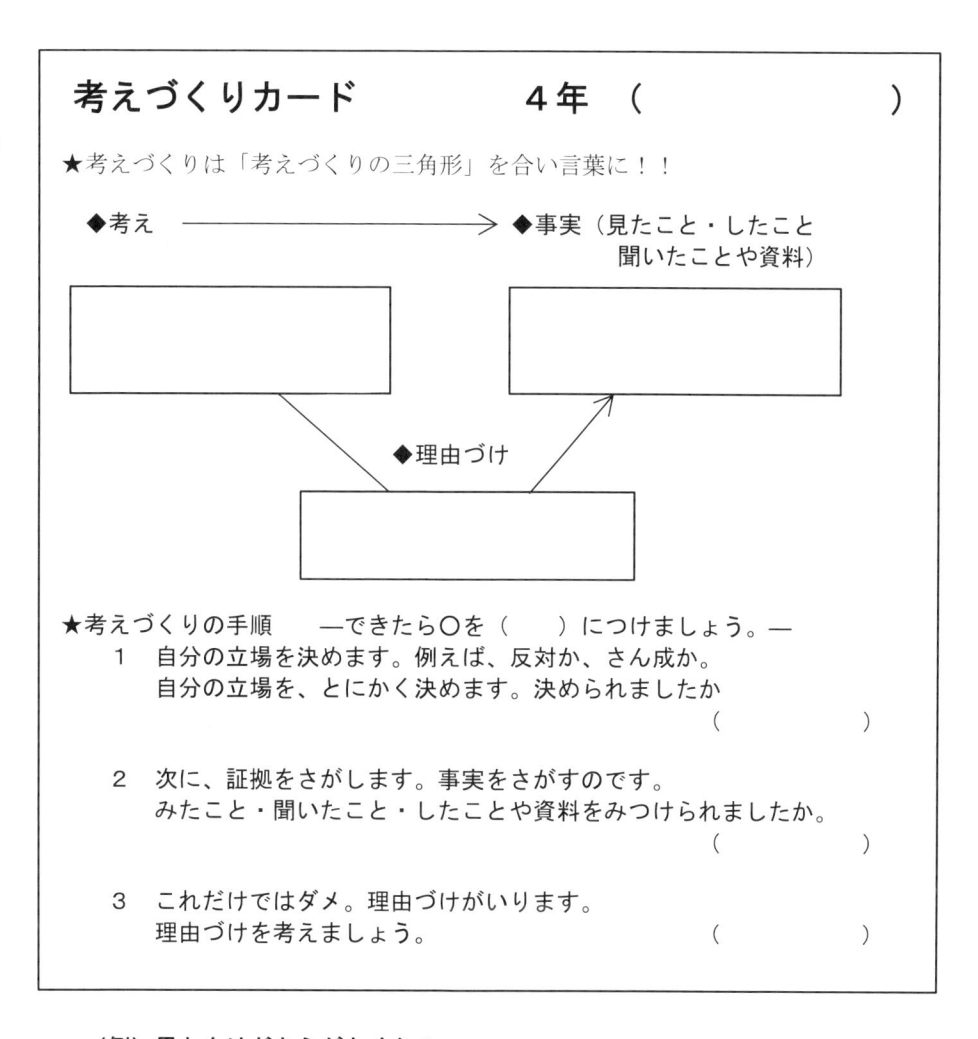

09 モニタリング自己評価法の実験授業（社会編）

```
考えづくりカード        4年 （          ）

★考えづくりは「考えづくりの三角形」を合い言葉に！！

   ◆考え ──────────→ ◆事実（見たこと・したこと
                              聞いたことや資料）

   ┌──────────┐          ┌──────────────┐
   │          │          │              │
   └──────────┘          └──────────────┘
                ＼        ↗
               ◆理由づけ
              ┌──────────┐
              │          │
              └──────────┘

★考えづくりの手順    ―できたら○を（  ）につけましょう。―
  1  自分の立場を決めます。例えば、反対か、さん成か。
     自分の立場を、とにかく決めます。決められましたか
                                            （       ）

  2  次に、証拠をさがします。事実をさがすのです。
     みたこと・聞いたこと・したことや資料をみつけられましたか。
                                            （       ）

  3  これだけではダメ。理由づけがいります。
     理由づけを考えましょう。              （       ）
```

（例）**男と女はどちらがとくか！**

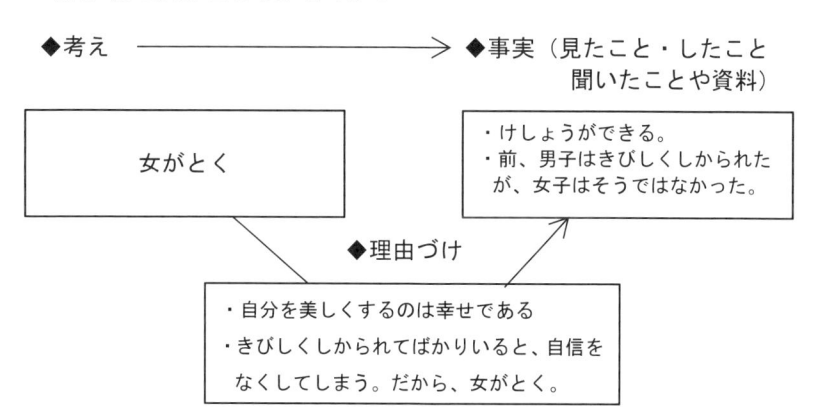

◆考え ──────────→ ◆事実（見たこと・したこと
                            聞いたことや資料）

┌──────────┐   ┌──────────────────┐
│   │   │・けしょうができる。   │
│ 女がとく │   │・前、男子はきびしくしかられた│
│   │   │ が、女子はそうではなかった。│
└──────────┘   └──────────────────┘
          ＼   ↗
         ◆理由づけ
        ┌────────────────────────┐
        │・自分を美しくするのは幸せである   │
        │・きびしくしかられてばかりいると、自信を│
        │ なくしてしまう。だから、女がとく。   │
        └────────────────────────┘

図9-1 「考えづくりノート」と「考えづくりカード」（続き）

(4) 授業の効果

以上紹介した単元の教育効果を検討するために，教師評価による普通の授業と成績を比較しました．図9-2は授業後に行ったテスト（総合点）の結果が教え方によってどのように異なるかを示したものです．テストは県共通のテストを使用しました．授業後，2週間後，モニタリング自己評価学級の総合点がわずかに高くなりました．興味深いことに，2か月後において，モニタリング自己評価法の学習効果がより大きく現れました．

図9-3は，授業直後に行ったテストの結果について，問題の種類ごとに示しています．これらのテストは，筆者が作成し，両学級で使用したものです．どの能力においても，モニタリング自己評価法の方が高い教育効果を示しましたが，特に構想力や判断力において学習促進効果が大きいことがわかりました．

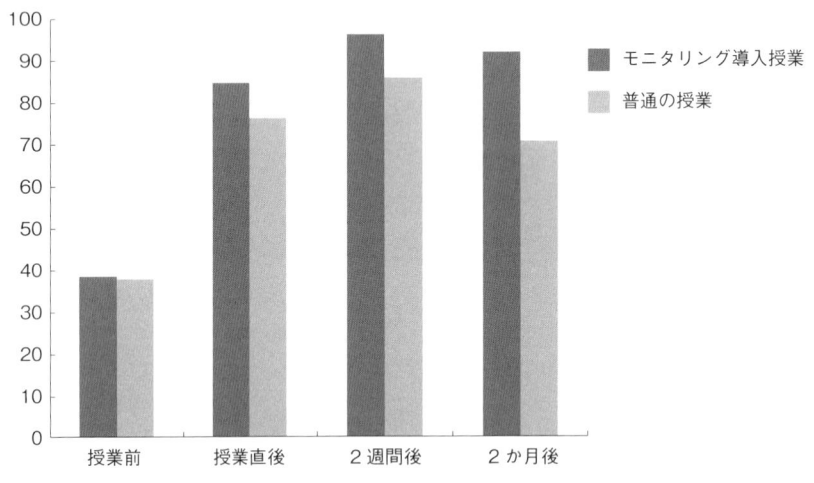

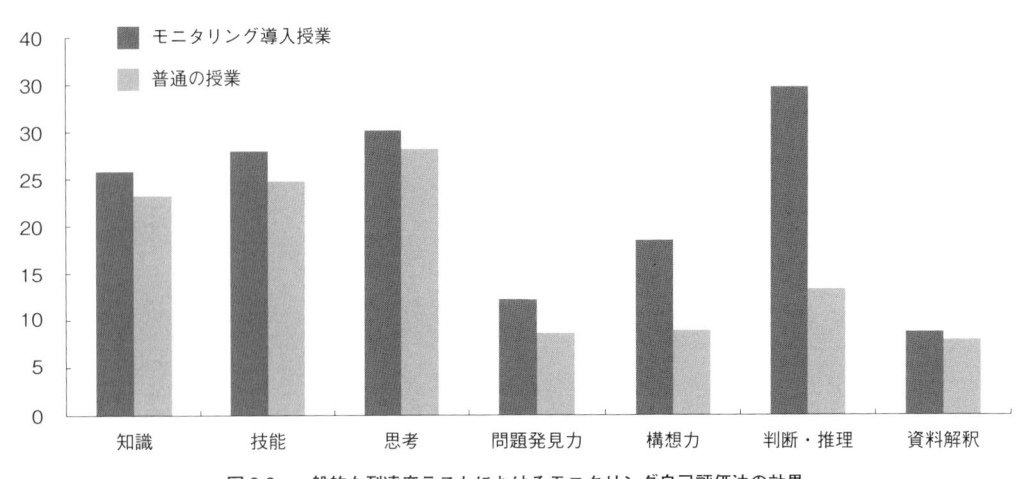

図9-2 一般的な到達度テストにおけるモニタリング自己評価法の効果

図9-3 一般的な到達度テストにおけるモニタリング自己評価法の効果

以上のことから，協働的議論と組み合わせたモニタリング自己評価法による社会科の授業は，比較可能な通常の授業に比べて全般的に効果が高いことがわかりましたが，特に授業直後よりも2か月後の方が，そして，基礎的内容よりも活用力に関する内容の方に教育効果があることがわかりました．このことは，小集団と教室全体の討論の場を体系的に取り入れたモニタリング自己評価法は，特に構想力や判断・推理といった高次の思考を求める問題に関して長期的に学習内容を保持していくことに効果的であることがわかりました．また，これまで算数と国語でその効果が示されてきましたが，モニタリング自己評価法は社会科の問題解決でも効果をもたらすことが明らかになりました．

09-02　高学年社会におけるモニタリング自己評価法の効果

(1) 本研究のねらい

　本研究はモニタリング自己評価を用いた授業方法の学習促進効果のメカニズムについてさらに探っていくことを目的としています．前節までで検討したモニタリング自己評価法は，小集団討論を個人による自己モニタリング訓練と併せて実施してきました．そのため，モニタリング自己評価法の訓練効果が個人としておこなう自己統制によってもたらされたのか，それとも小集団討論によってもたらされたのか判別がつきませんでした．

　小集団討論や自己モニタリング訓練の効果をそれぞれ明らかにするには，小集団討論のみを取り入れる条件，小集団討論と自己モニタリング訓練の両方を取り入れる条件，小集団討論をしないで自己モニタリング訓練だけをおこなう条件，小集団討論も自己モニタリング訓練もおこなわない条件を設けて，4つの条件で成績を比較する必要があります．そこで本研究は表9-2に示すような4つの授業方法を比較しました．この研究は中川・梅本（2003）として発表されたものです．

(2) 対象授業

表9-2　4つの授業方法とクラスの構成

授業方法	クラスの構成
A モニタリング自己評価＋小集団討論有	29名（男児15名，女児14名）男児2名がポストテストに欠席
B モニタリング自己評価＋小集団討論無	29名（男児14名，女児15名）男児3名がポストテストに欠席
C 到達度自己評価＋小集団討論有	29名（男児15名，女児14名）男児1名，女児1名がポストテストに欠席
D 到達度自己評価＋小集団討論無	29名（男児16名，女児13名）男児1名，女児2名がポストテストに欠席

対象授業では，小学5年生社会科の「日本の農産物と耕地」「水産業の盛んな地域」を扱いました．某公立小学校5年生126名（男児67名，女児59名）がこの実験授業を受けました．4つの授業方法は表9-2のとおり，クラス単位で割り当てられました．

(3) 授業設計と実施

[1] 単元の特徴と組み立て

本単元は「日本の農産物と耕地」「水産業の盛んな地域」をテーマとするもので，表9-3に示すように，全14時間の授業として4つの段階から構成しました．表9-3の右端の列には，各授業で中心的におこなわれたモニタリングに関連する活動が示されています．この単元は比較的長い時間をかけていますが，これは資料を読み取る力をつけるためには10時間以上の練習が必要という考え方が背景にあります．「日本の農産物と耕地」では①事実を収集し，その意味を考える，②事実の関係づけ，③関係づけた事実の理由づけや整理を重視するという構成でした．「水産業の盛んな地域」では④記述や発表と修正を重視する単元計画でした．以下では，各授業方法における手だての内容を説明します．

表9-3 本授業の単元計画

単元	次	主な学習内容	時間	重視する活動
「日本の農産物と耕地―いろいろな農産物」	I	資料を読み取るための方略・スキルの提示と利用の意義付けをおこない，米以外の主な農産物を調べ，野菜についての学習計画をたてる	1	①事実を収集し，その意味を考える．
		岩井市の野菜作りに関する資料を例に，他事例の資料（教科書，地図，集めた資料）を調べる練習をする	2	
	II	岩井市の野菜作りの様子を参考にしていろいろな資料を基に調べることができる	3	②事実の関係づけ ③関係づけた事実の理由づけ，整理
		3時間目と同じ（事実の関係づけ，理由付け）	4	
		野菜作りについて，いろいろな資料を基に調べることができる	5	
		土地利用図や各種の統計資料をもとに，日本の農産物の産地や，耕地利用についてしらべ，その特色を捉える	6	
		6時間目と同じ	7	
		野菜作りの工夫や努力を調べるため，農協見学をする	8	
		見学して聞いてきたこと，見たことなどを整理し，野菜作りの工夫や努力について考える	9	
「水産業の盛んな地域―魚をとる」	III	単元を概観し，学習計画を立てる 様々な魚が水揚げされる長崎港の様子を調べ，そのわけを，資料をもとに考える	10 11	④記述や発表
		せまくなった漁場：資料をもとに，漁場の様子の変化に従って，漁業の変化をとらえる	12	
		育てる漁業	13	
		魚を増やす：水産資源の確保の大切さについて考える	14	

[2] A モニタリング自己評価＋小集団討論有のクラスにおける手だて

はじめに図9-4に示したモニタリング・カード（こんなふうに資料を読みとろうカード）を配布しモニタリングする意義を説明しました．次に今日のめあてを確認し，個別活動に入ります．児童はモニタリング・カード（例えば資料間関係づけカード）を基にモニタリングしながら学習を進めていきます．個別学習後，小集団でモニタリング・カード（話し合いカード）に基づきながら討論します．その後全体で討論する全体学習をおこないました．授業の終わりにモニタリング・カードを用いてもう一度自分の学習過程を振り返りました．

[3] B モニタリング自己評価＋小集団討論無のクラスにおける手だて

モニタリング自己評価に関する手だてはAと同じですが，小集団討論は導入しないで全体討論をおこないました．

[4] C 到達度自己評価＋小集団討論有のクラスにおける手だて

はじめにモニタリング・カード（こんなふうに資料を読みとろうカード）を配布しモニタリングする意義を説明します．次に今日のめあてを確認し，個別活動に入りました．子どもはワークシートを基に学習を進めていきます．個別学習後，小集団で討論します．その後全

> こんなふうに資料を読み取ろう
> 問題を解決するには，その問題にふさわしい資料を集め，それをもとに考えていく必要があります．資料を読み取って考えることは，問題を解決するためのもとになるものです．だから資料を読み取る力を身につけることが大切です．
>
> そのために
> ① 資料を見て，事実を多くあげよう．
> ② 事実と事実をまとめて，気がつくことや，見てわかることをあげよう．
> ③ 気づいたり，わかったりしたことから，どんなことが言えるか考えよう．そして，なぜそう言えるのか，友達がわかるような理由をあげよう．
> ④ 疑問に思うことや，さらに知りたいことがあればあげよう．他の資料にあたってみたり，自分でグラフや図にしてみたりすることも大切．
> ⑤ 他の資料について考える．（①にもどる）
> ⑥ ⑤が終われば，いくつかの資料をまとめて考えよう．
> ⑦ 調べて考えたことを相手がわかりやすい筋道たてたかたちで表現しよう．（説明文，キャッチフレーズ，図や絵，新聞など）
> ⑧ 友達との話し合いで，自分の読み取った考えや，表現を見直そう．
> ⑨ 自分と違う意見を大切に．

図9-4 こんなことを読み取ろうカードの見本

体で討論する全体学習をおこないました．授業の終わりに到達度自己評価カードを用いて自分の学習過程を振り返りました．

[5] D 到達度自己評価のみ＋小集団討論無のクラスにおける手だて

到達度自己評価に関する手だてはCと同じですが，小集団討論をせず，全体討論をおこないました．その他，各条件の学習活動の詳細は，表9-4に示したとおりです．

表9-4　各実験条件の学習活動の概要

A モニタリング自己評価＋小集団討論有群	B モニタリング自己評価＋小集団討論無群	C 到達度自己評価＋小集団討論有群	D 到達度自己評価＋小集団討論無群
モニタリング・カードの配布 モニタリングの意義の説明	モニタリング・カードの配布 モニタリングの意義の説明	モニタリング・カードの配布 モニタリングの意義の説明	モニタリング・カードの配布 モニタリングの意義の説明
○自分の目当ての設定	○自分の目当ての設定	○本時の目当ての設定	○本時の目当ての設定
○評価方法の説明	○評価方法の説明	○評価方法の説明	○評価方法の説明
○個人で資料の読み取り 種々のモニタリング・カードを用いて，各県の生産額，耕地利用の比較，および東京と大阪市場の主要産地の比較をする 疑問に思ったことを，疑問作りカードでモニタリングする	○個人で資料の読み取り 種々のモニタリング・カードを用いて，各県の生産額，耕地利用の比較，および東京と大阪市場の主要産地の比較をする 疑問に思ったことを，疑問作りカードでモニタリングする	○個人で資料の読み取り モニタリング・カードを用いて，教師作成資料や教科書の資料をもとにして，自分の調べたいことを，自分の考えた方法で調べる	○個人で資料の読み取り モニタリング・カードを用いて，教師作成資料や教科書の資料をもとにして，自分の調べたいことを，自分の考えた方法で調べる
小集団討論 話し合いカードをもとにして，事実と事実の関係づけ，理由づけについて話し合う		小集団討論 何を，どのようにして，どこまで調べたかなどについて話し合い	
○自分の考えの見直し 小集団討論での友達の考えを参考に，自分の考えを見直し，修正する		○自分の考えの見直し 小集団討論での友達の考えを参考に，自分の考えを見直し，修正する	
全体討論 事実と事実の関係づけ，理由づけについて	全体討論 事実と事実の関係づけ，理由づけについて	全体討論 何を，どのようにして，どこまで調べたかなどについて話し合い	全体討論 何を，どのようにして，どこまで調べたかなどについて話し合い
○個人で考えを修正	○個人で考えを修正	○個人で考えを修正	○個人で考えを修正
○モニタリング・カードへの記入	○モニタリング・カードへの記入	○到達度評価カードへの記入	○到達度評価カードへの記入

[6] 資料の読み取り方の例

　教科書にある折れ線グラフを例に資料の読み取り方を教師は子どもに配布したモニタリング・カード（折れ線グラフ読み取りカード，図9-5）を使って説明します．まず，資料名，出展，年度，単位，項目，などを読んで，資料全体を見渡します．それができたら，（　）の中に○をつけるように児童に指示します．次に，読んだ言葉や数字がどういうことをいっているのかがわかるかどうか考えます．わかれば，（　）の中に○をつけるようにします．わからなければ，わからない言葉や数字を書いて，辞書で調べたり，友達，教師に聞いたりして調べるようにします．折れ線の形を見て，全体がどのような形になっているか書き，◆の所に資料名とつなぐとどんなことが言えるかを考え自分の言葉で書くよう児童に指示します．そして，◆の考えから予想できることがあれば☆の所に書き，その理由を書くよう指示します．理由は資料の中から見つけたり，◆と関係ある経験を思い出したりするように説明します．さらに，わからないこと，疑問に思ったこと，さらに知りたいことがあれば，疑問作りカードに書くよう指示します．この以上の方法を折れ線グラフ以外の様々な資料を読みとるときにも利用しました．

[7] 小集団討論の進め方

　友達との討論の場面では話し合いカード（図9-6）を用います．まず，自分の考えを説明します．その時，聞き手は話し手の考えをしっかり聞きます．おかしいと思っても最後まで聞き，否定をしてはいけないことを伝えます．メンバーが順番に説明をしている時心の中で，友達との意見の違いをはっきりさせるよう伝えます．次に，意見の違う点について話し合います．おかしいと思った意見には，なぜそう考えるのか理由を聞こうと伝えます．そして，自分の考えとの違いをまとめ，自分の考えをさらにはっきりさせます．このように話し合いの手順を説明し，話し合いの各下位段階でできたら自分で（　）の中に○をつけるよう指示します．最後に考えや納得がいかないところ，意見がくいちがったことをメモします．

(4) 授業の効果

　以上紹介した単元の教育効果を検討するためにテスト4種類（事前テスト1種類，事後テスト3種類）が利用されました．事前テストによって各クラスの学力が異なっていないことが確認されました．ここでは結果をシンプルにみていくために，事後テスト2の結果だけを紹介します．

　図9-7は事後テスト2における各条件の平均得点を示しています．事後テスト2を検討した結果，Aモニタリング・討論あり条件とBモニタリング・討論なし条件を比べると，同じモニタリング自己評価を導入したとしても，討論ありのほうが得点が高いことがわかりました．C到達度評価・討論あり条件とD到達度評価・討論なし条件を比べると，討論のないDの方が討論のあるCより得点が高いことがわかりました．その一方，AとDを比較したと

折れ線グラフ読み取りカード（折れNO.　　）

　　　　　　　　　　　　　　　月　　日　　年　　組　　番　名前（　　　　　　　）
　　　　　　　　　　　　　　　めあて：折れ線グラブを読み取ることができる。
　　　　　　　　　　　　　　　資料名「
　折れ線グラフ添付　　　　　　　　　　　　　　　　　　　　　　　　」　　　　ページ

　　　　　　　　　　　　　　　1　資料名，出典，年度，単位，項目などを読む。（　）
　　　　　　　　　　　　　　　2　読んだ言葉や数字がどういうことをいっているのかが
　　　　　　　　　　　　　　　　分かる。（　）

　　　　　分からなければ書いて辞典で調べたり，友達，教師に聞いたりして調べる。

分からない言葉や数字など	意味→		
			（出典や人物名）より

3　折れ線の形をみて，全体がどのような形になっているか書く。2本以上あればそれらがどのよ
　うな重なり方をしているか書く。
　　（例：右上がり，右下がり，山形，谷形，水平；平行，交差，など）

　　　　　　　　　　　　　　　　　↓
　　　　　　　　　　　　　　　資料名とつなぐとどんなことが言えるか考え
　　　　　　　　　　　　　　　自分のことばで書く。

◆

　考えから予想できることがあれば書く。　→　その理由を書く。　資料の中から見つけたり，
　　　　　　　　　　　　　　　　　　　　　　　　　　　　　　◆と関係ある経験を想い出した
　　　　　　　　　　　　　　　　　　　　　　　　　　　　　　りする。

☆	理由

　　　　分からないこと，疑問に思ったこと，さらに知りたいことがあれば → **疑問作りカードへ**

　　　　友達と「話し合いカード」をもとに話し合い，見直した考えを付箋紙に書く。

※　　付せん紙に※と上の（おれNO.　　）を書き，ここにはっておく。

図9-5　折れ線グラフ読み取りカード

関係づけ，理由付け話し合いカード

　　　　　　　　　　　　月　　日　　年　　組　　番　名前（　　　　　　　　　　　　）
めあて：友達との話し合いから，自分の考えを見直す．

《説明者の場合》
1　自分の考えを説明する．（　）
　◆自分の考え，事実，理由をつないで説明する．
メモ

2　友達の意見との違いの箇所を自分の心の中ではっきりさせる．（　）
メモ

3　意見の違う点についてグループで話し合う．おかしいと想った意見には，なぜそう考えるのか理由を聞こう．（　）
メモ

4　自分の考えとの違いをまとめ，自分の心の中で考えをはっきりさせる．（　）
　・自分の考えを見直そう．（　）
メモ

《聞き手の場合》
1　友達の考えを聞く．（　）（　）
　要約しながら聞く．おかしいと思っても最後まで聞き，否定しない．
メモ

2　友達の意見との違いの箇所を自分の心の中ではっきりさせる．（　）（　）
メモ

3　意見の違う点についてグループで話し合う．おかしいと思った意見には，なぜそう考えるのか理由を聞こう．（　）（　）
メモ

4　自分の考えとの違いをまとめ，自分の心の中で考えをはっきりさせる．（　）（　）
　・自分の考えを見直そう．（　）（　）
メモ

話し合いを振りかえって考えよう．（関係づけカードの5にもどる）

？　自分に役立った友達の考えを書こう．　　　　　　　　→　薄緑色の付箋紙に　←
　[例]　私は○○さんの意見を聞いて
　　　　今まで～だと懇っていたけど・・・と思うようになりました．
　　　　～について・・・という考えもあるなあと思うようになりました．

？　納得いかないところや友達と意見がくいちがったことを書こう．

図9-6　話し合いカード

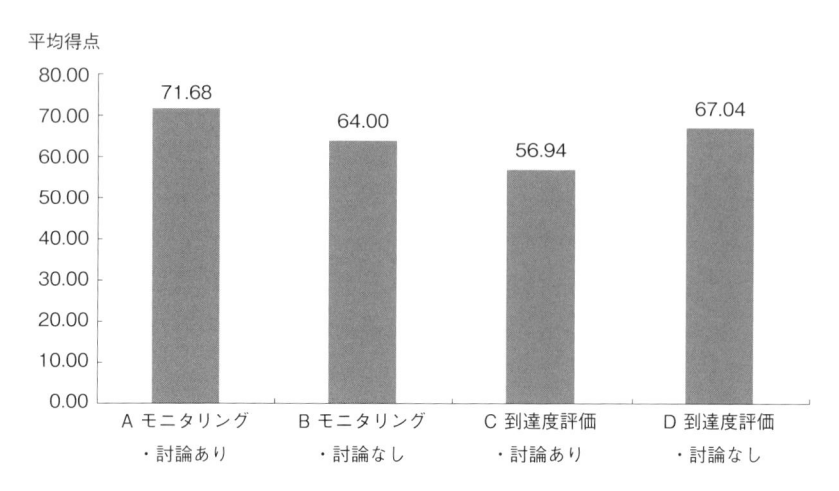

図9-7　事後テスト2における各条件の平均値

ころ，どちらが高いともいえませんでした．

　これらの結果から，モニタリング自己統制訓練と小集団討論は，それぞれが独立に機能するのではなく，互いに学習の遂行に影響を及ぼし合っているのではないかと考えられます．つまり，モニタリング自己統制訓練と小集団討論とを一緒におこなうと，相乗作用により学習遂行を促進します．しかし，到達度自己評価と小集団討論とは，互いに相反する作用を及ぼし，学習遂行を阻害する可能性があります．以上，モニタリング自己評価を用いた教授法の効果は，モニタリング自己統制訓練と小集団討論との2つの手だての相乗作用によるものであるらしいことがわかりました．

10 モニタリング自己評価法の有効性と課題

10-01 実験授業によってわかったこと

　本書第2部では小学校の算数，国語，社会の実験授業を通して，モニタリング自己評価法の効果について様々な観点から検討してきました．その結果を整理すると下記のとおりまとめることができます．

- 中川・新谷（1996）：モニタリング自己評価法は対象単元が始まるよりも以前から，長い期間にわたって実施することで高い効果をもたらす．
- 中川・松原（1996）：自己評価カードを用いて解法の1つひとつのプロセスを子どもが自己評価する「到達度自己評価法」は，教師が子どもの回答だけに対してフィードバックを与える場合よりも効果的である．
- 堺・中川（1997）：自己評価カードと組み合わせて実施されたモニタリング自己評価法は，到達度自己評価法よりもさらに効果が高い．加えて，モニタリング自己評価法は学力が比較的低い子どもに対してより有効である．
- 中川・守屋（2002）：小集団討論を組み込んだモニタリング自己評価法は学習を促進する．
- 竹内・中川（1999）：小集団討論を組み込んだモニタリング自己評価は作文のような自由の高い問題解決状況においても有効である．また，その効果は学力が比較的低い子どもに対してより有効である．
- 佐々原・中川（1998）：小集団討論を組み込んだモニタリング自己評価法は学習を促進する．また，活用力を問う問題においてよりはっきりと効果を発揮することが示された．
- 中川・梅本（2003）：モニタリング自己評価法は小集団討論との組み合わせによって効果を発揮する．

教科や単元の種類によって，これらの知見が当てはまるかどうかは変わってくる可能性も十分にありますが，それらを一旦脇において考えるとすれば，モニタリング自己評価法がその効果をもっとも発揮する条件は次のとおりになります．

①対象単元が始まる前から自己評価に関するトレーニングを実施すること
②問題解決のステップを1つひとつ明確にしたワークシートを設計し，それを使って子どもが自己評価をおこなうこと
③学力の比較的低い子どもに適用すること
④小集団討論を組み込んで実施すること
⑤活用力を問う問題に適用すること

10-02　モニタリング自己評価法の効果研究における課題

　以上のように，モニタリング自己評価法が活かされる条件が明らかにされている一方で理論上の課題も残されています．最初の課題は，モニタリング自己評価法が比較的学力の高い子どもに対してもたらす効果の再検討です．2つ目の課題は，基礎的な学習方略を学ぶための手だてであるモニタリング自己評価法がどのように活用力を問う問題の解決能力を高めるのかということです．3つ目の課題は，小集団討論の効果がもたらされる条件をさらに明らかにすることです．

　堺・中川（1997）や竹内・中川（1999）によって，モニタリング自己評価法は比較的学力の低い子どもに有効であることが明らかにされました．しかしながら，学力の高い子どものデータを見ると，事前テストの段階で満点に近い得点をとっていることから，モニタリング自己評価法によってより高いに達したとしても，それがテストによって測ることができないだけかもしれません．いわゆる天井効果です．そこで，今後の研究では，学力が比較的高い子どもたちに対してモニタリング自己評価法がどのように効果をもたらしているのか難度のもっと高いテストで評価するなどの工夫が必要です．

　佐々原・中川（1998）は，活用力を問う問題においてよりはっきりとモニタリング自己評価法の効果が発揮されると報告しています．これはとても望ましいことですが，もともとモニタリング自己評価法は非常に基礎的な学習方略を定着させるための手だてとして開発されています．そのような手だてが佐々原・中川（1998）の報告するように，活用力を問う問題で威力を発揮するとすれば，それはどうしてなのか詳細な見当が必要だと思われます．

　小集団討論を組み込んだ形で自己評価を実施することの効果については，特に中川・梅本（2003）で詳しく検討されました．そこでは自己評価と小集団討論が組み合わせられたときに

最も効果的であるという結果が得られています．他方で，到達度評価を用いる条件では小集団討論を用いた場合，事後テストの得点は最も低くなっています．これはつまり，小集団討論は用い方によっては学習を阻害することさえあるということを意味しています．このように他の条件との相互作用がとても大きいことが明らかになっていますが，このようなことが一体どうして起こるのかについて授業実践を対象にした研究領域ではまだ明らかにされていません．このことが解明されることによって，小集団の中でどのように教師が働きかけ，準備教育やグループ構成等をどう設定すればよいかについて明らかにすることが可能になります．

10-03 モニタリング自己評価法のさらなる発展に向けて

　モニタリング自己評価法に関する実践研究はすでに本書でご紹介したように，これまで数多く実施され，その度毎に学習促進効果があることが証明されてきています．しかしながら，このモニタリング自己評価法を具体的な1つの単元や授業で十分に展開しようとするときには，その単元や授業の特性に応じた様々な工夫が必要になってきます．本書ではそのような具体的な工夫については，小学校5年生の算数「分数×分数」単元を取り上げて説明したに過ぎません．そのため，この単元と大きく異なる状況では，モニタリング自己評価法を実施しようとしたときに一体どのように授業を組み立てればいいものか見当がつきにくいということが十分に想定できます．

　そこで本書を手に取ってくださった先生方がもしもモニタリング自己評価法に可能性を感じてくださり，かつご自身のクラスでご活用いただいたとすれば，そのご実践を通じて得られた知見を是非なんらかの形で公表していただき，忌憚のないご意見やご助言をいただけることをぜひともお願いしたいと考えております．そのような貴重な知見が少しずつ集積されることで，本書が手の届かなかった様々な実践のコツが明らかになり，モニタリング自己評価法がさらに子どもたちの学びを助けるものへと発展することができます．

　研究というもののイメージは多くの場合，どこかの研究者が考えた理論や実践方法を使わせてもらって，その実践が効果的であることを確かめるというようなものかもしれません．しかし，こと教育実践という複雑な現象を研究しようとすれば，研究者が提案することはあまりにも部分的なことに囚われていたり，様々な制約や障害によって研究者が想定していないようなことに大きく影響を受けたりすることがよく起こります．そのため教育研究では特に実践者から研究者に対して実践経験から言えることを積極的に提案し，理論を洗練していただく，あるいは理論を作り直すという作業に参加していただくということが欠かせません．子どもたちの学びの質を高めるような教育実践の充実に本書が少しでも多く寄与できることを祈って本書の結びといたします．

【引用・参考文献】

アロンソン, E. ／松山安雄［訳］（1986）．ジグソー学級―生徒と教師の心を開く協同学習法の教え方と学び方　原書房

Baird, J. R. (1990). Metacognition, purposeful enquiry and conceptual change, in: E. Hegarty-Hazel (Ed.) *The student laboratory and the science curriculum*. London: Routledge.

Belmont, J. M., Butterfield, E. C., & Borkowski, J. G. (1978). Training retarded people to generalize memorization methods across memory tasks. In M. M. Gruneberg, P. E. Morris, & R. N. Sykes (Eds.). *Practical aspects of memory*. London: Academic Press.

Brown, A. L. (1974). The role of strategic behavior in retardate memory. In N. R. Ellis (Ed.). *International review of research in mental retardation* (Vol. 7). New York: Academic Press.

Brown, A. L. (1978). Knowing when, where, and how to remember: A problem of metacognition. In R. Glaser (Ed.), *Advances in instructional psychology*.

Brown, A. L. (1982). Learning and development: The problems of compatibility, access and induction. *Human Development*, **25**(2), 89-115.

Brown, A. L., & Campione, J. C. (1978). Permissible inferences from the outcome of training studies in cognitive development research. Quarterly. *Newsletter of the Institute for Comparative Human Development*, **2**, 46-53.

Brown, A. L., Campione, J. C., & Barclay, C. R. (1979). Training self-checking routines for estimating test readiness: Generalization from list learning to prose recall. *Child Development*, **50**, 501-512.

Brown, A. L., Campione, J. C., and Day, J. D. (1981). Learning to Learn: On Training Students to Learn from Texts. *Educational Researcher*, **10**(2), 14-21.

Brown, A. L., & Day, J. D. (1983). Macrorules for summarizing texts: The develop- ment of expertise. Journal of Verbal Learning and Verbal Behavior, 22, 1-14.

ブラウン, J.・アイザックス, D. ／香取一昭・川口大輔（訳）（2007）．ワールド・カフェ―カフェ的会話が未来を創る　ヒューマンバリュー

Flavell, J. H., Friedrichs, A. G., Hoyt, J. D. (1970). Developmental changes in memorization processes. *Cognitive Psychology*, **1**(4), 324-340

Flavell, J. H. (1976) Metacognitive aspects of problem solving, in: L. B. Resnick (Ed.) *The Nature of Intelligence*. Hillsdale, NJ: Lawrence Erlbaum.

ガニェ, R. M.・ゴラス, C. C.・ケラー, J. M.・ウェイジャー, W. W. ／鈴木克明・岩崎　信［監訳］（2007）．インストラクショナルデザインの原理　北大路書房

Goffman, E. (1981). *Forms of Talk*. Philadelphia: University of Pennsylvania Press.

Harter, S. (1981) A new self-report scale of intrinsic versus extrinsic orientation in the classroom: Motivational and informational components. *Developmental Psychology*, 17, 300–312.

鹿毛雅治（1993）．到達度評価が児童の内発的動機づけに及ぼす効果　教育心理学研究, 41, 367–377.

鹿毛雅治・並木　博（1990）．児童の内発的動機づけと学習に及ぼす評価構造の効果　教育心理学研究, 38, 36–45.

梶田叡一（1982）．教育における評価の理論　金子書房

加藤和生・丸野俊一（1996）．議論過程での自己モニタリング訓練による議論スキルの変容　九州大学教育　学部紀要, 41, 113–148.

Kennedy, B. A., & Miller, D. J. (1976). Persistent use of verbal rehearsal as a function of information about its value. *Child Development*, 47, 566–569.

丸野俊一（1989）．メタ認知研究の展望　九州大学教育　学部紀要, 34, 1–25.

文部科学省（2009）．小学校学習指導要領 第 4 版（平成 20 年 3 月告示）東京書籍

文部省（1988）．生徒指導資料第 20 集　文部省

Murphy, M. D., & Brown, A. L. (1975). Incidental learning in preschool children as a function of level of cognitive analysis. *Journal of Experimental Child Psychology*, 19, 509–523.

中川惠正・松原千代子（1996）．児童における「わり算」の学習に及ぼす自己評価訓練の効果：自己評価カード導入の効果　教育心理学研究, 44, 241–222.　http://ci.nii.ac.jp/naid/110001893034

中川惠正・守屋孝子（2002）．国語の単元学習に及ぼす教授法の効果：モニタリング自己評価訓練法の検討　教育心理学研究, 50(1), 81–91.　http://ci.nii.ac.jp/naid/110001893290

中川惠正・新谷啓介（1996）．児童の算数文章題の解決に及ぼす教授法の効果—自己統制訓練法の検討　教育心理学研究, 44, 23–33.　http://ci.nii.ac.jp/naid/110001893015

中川惠正・梅本明宏（2003）．モニタリング自己評価を用いた教授法の社会科問題解決学習に及ぼす促進効果の分析　教育心理学研究, 51(4), 431–442.　http://ci.nii.ac.jp/naid/110001889123

Nelson, T. O., & Narens, L. (1990). Metamemory: A theoretical framework and some new findings. In G. H. Bower (Ed.). The Psychology of Learning and Motivation, 26, 125–173. New York: Academic Press

小倉春夫・松田文子（1988）．生徒の内発的動機づけに及ぼす評価の効果　教育心理学研究, 36, 144–151.

Palincsar, A. S., & Brown, A. L. (1984). Reciprocal Teaching of comprehension-fostering and monitoring activities. *Cognition & Instruction*, 1, 177–195.

Ryan, R. M., and Deci, E. L. (2000). Self-determination theory and the facilitation of intrinsic motivation, social development, and well-being. *American Psychologist*, 55, 68–78.

堺　美枝・中川惠正（1997）．算数文章題における自己統制訓練法の効果　日本教育心理学会総

会発表論文集, 39, 478. http://ci.nii.ac.jp/naid/110001884980

桜井茂男（1983）．Harter の内発的 - 外発的動機づけ尺度の検討　日本教育心理学会第 25 回総会発表論文集, 368-369.

Salili, F., Maehr, M. L., Sorensen, R. L., & Fyans, L. J. (1976). A further consideration of the effects of evaluation on motivation. *American Educational Research Journal*, **13**, 85-102.

佐々原正樹・中川惠正（1998）．社会科問題解決学習における教授法の開発―モニタリング自己評価の効果の検討　日本教育心理学会総会発表論文集, 40, 289. http://ci.nii.ac.jp/naid/110001885444

Schank, R. C. (1988). *The creative attitude: Learning to ask and answer the right questions.* NewYork: Macmillan.

関田一彦（2006）．協同学習ワークショップ　日本協同教育学会主催　2006 年 12 月 9-10 日　中京大学

センゲ, P.／柴田昌治・スコラ・コンサルタント［監訳］牧野元三（翻訳）（2007）．フィールドブック　学習する組織「5 つの能力」―企業変革をチームで進める最強ツール　日本経済新聞社

清水静海・船越俊介ほか（2012）．小学校算数 6 年（上）　啓林館

杉本明子（1991）．意見文産出における内省を促す課題状況と説得スキーマ　教育心理学研究, **39**, 153-162.

高垣マユミ（2005）．新しい授業理論の構築　授業デザインの最前線―理論と実践をつなぐ知のコラボレーション　北大路書房　pp.17-32.

竹内久美子・中川惠正（1999）．児童の作文作成に及ぼす教授法の効果―モニタリング自己評価訓練法の検討　日本教育心理学会総会発表論文集, **41**, 725. http://ci.nii.ac.jp/naid/110001879611

Toulmin, S. (1958). *The use of argument*. New York: Cambridge University Press.

続　有恒（1969）．教育評価　教育学叢書　第 21 巻　第一法規

Vygotsky, L. S. (1966). Development of higher mental functions. In A. N. Leontyev, A. R. Luria and A. Smirnov (Eds.). *Psychological research in the USSR*. Moscow: Progress Publishers.

Wood, D., Bruner, J., & Ross, G. (1976). The role of tutoring in problem solving. *Journal of child Psychology and Psychiatry*, **17**, 89-100.

謝　辞

　本書は，香川大学教育学部で長年ご奉職された故・中川惠正先生の研究室で執筆された修士論文や関連する研究発表の内容に基づくものです．中川先生はラット（ネズミ）を対象にした学習心理学の領域において，我が国で最も多くの業績を遺した研究者の1人であり，その著作のほとんどは海外の専門誌に掲載されています．しかし，中川先生の研究におけるご貢献はそれに留まりません．本書の下案となった諸論文は，1つの授業アプローチについて多角的に検討を重ねた1つの研究シリーズの形をとっており，本邦の教育心理学の歴史に名を残す水準のものであることは疑いの余地がありません．

　厳密な実験心理学者であった中川先生の指導の下で行われた実践研究の数々は，今となってはもうその実施は不可能であろうと思われるほど厳密で，実験計画の教科書そのままのスタイルを踏襲したものでした．そのような研究を系統立って学校で実施するのは極めて困難なことです．中川先生の熱意と先見性を理解する当時の大学院生であった現職の先生方のご努力と力量の高さによって奇跡的に実現したのが本書の第2部で展開されている一連の研究です．

　中川先生は，ご存命中にこれらの実践研究を1冊の本にまとめて出版なさる準備を進めておられました．これらをそのまま出版することも可能でしたが，奥様である郁子様や指導生の皆様とで相談した結果，現職の先生方やその他の必要とする皆様に使っていただける本にしようということになりました．理論と実践を結ぶというコンセプトをもった教育心理学のテキストは近年多く出版されています．しかし，ある1つの教授法について理論的背景の詳説，一連の体系的な実践研究，教授法の適用方法，特定の単元への適用事例などをすべて盛り込み，理論が現実の授業として展開されるまでの全行程についてつまびらかにしたテキストは，編著者らの知る限り，本邦ではほとんど前例がありません．

　当時から先進的であった一連の研究を深く読み込み，実践のための手引書としてその内容を噛み砕くために想像以上の時間を要しました．その背景には編著者らの筆が単に遅いということもあったのですが，本書が完成するためには実践家として，また研究者として，編著者らが成長することが求められたのだと実感しております．

　中川先生が2006年に他界され，その年の11月に中川邸に筆者陣が集まって出版のための初めての打合せがもたれました．これは香川大学教育学部での同僚でいらっしゃる小川育子先生がご提案くださったものです．中川先生が予期せず亡くなったことで一時は出版については諦めざるを得ないだろうということだったそうですが，そのときに小川先生から門下生による編集の可能性をご提案くださいました．その後，出版に至るまで随分と月日が流れてしまいました．

これほどの長きに渡って編集作業を多方面からご支援頂きました中川郁子様に改めて感謝申し上げます．我慢強く待っていただきつつ，そして時機を捉えて編集作業の進捗を促してくださいました．小川先生には編集作業の場所として大学の研究室や備品をご提供いただき，さらに作業がしやすいようにと茶菓をいつもご用意くださいましたこと，深く御礼申し上げます．また，ナカニシヤ出版の宍倉由高様と米谷龍幸様には出版企画をお引き受けくださると同時に，編集に当たってのご助言を頂きまして誠にありがとうございます．本書で算数の単元を具体的な適用事例として取りあげたことから，愛媛大学教育学部で算数・数学教育学をご専門とされている吉村直道先生に内容の確認をお願いいたしました．お忙しい中でお時間を割いてくださった吉村先生に御礼申し上げます．そして最後になりましたが，本書の執筆を通して，教育実践を研究する教育者としての再トレーニングの機会を改めて編筆者一同に与えてくださった故中川惠正先生に謝意を表します．

編著者一同

【事項索引】

ア行

足場づくり 64
新しい考えを持つ 20
アンダーアチーバー 47
インストラクショナル・デザイン 33
インフォームド・トレーニング 17, 38, 56

受け手 22

オーバーアチーバー 47
お出かけバズ 27
折れ線グラフ読み取りカード 105

カ行

外発的動機づけ 65
学習指導案 42
　──の作成 32
学習指導過程の例 42
学習の条件 57
学習の転移 56
学習方略 55
学習目標の設定 31, 32
過剰学習 18
課題に関する知識 52
課題分析 33
カテゴリー化 55
ガニェの9教授事象 42
考え方カード 75
考えに広がりを持たせる 20
考えを相対化させる 21
考えをつくりなおす 21

教育心理学 5
教材分析 33
議論スキーマ 95
金魚鉢ディスカッション 27

高学年国語の作文 85
高学年国語の文章読解 80
高学年社会 101
効果研究における課題 110
貢献感 22
個人学習 26
コントロール 6, 54

サ行

参加意識 22

「式と計算」 75
ジグゾー法 27
自己教示法 15, 56
自己決定理論 17
自己指導能力 8
事後テスト 74, 78, 81, 90
自己統制訓練法 56
　──の効果 68
自己評価 7

自己評価カード 70
自己評価カード／ノート 96
自己評価活動 11
自己評価表ワークシート・チェックリスト 13
自己評価用ワークシート 12
自己マネジメント 58
自信 21
事前テスト 74, 90
自由記述形式 11
授業展開の設計 35
受動的な思考 2
小集団 26
　──討論 17, 41
　──の話し合い 23
小数のかけ算 69

「水産業の盛んな地域」 102
「住みよいくらしをつくる：ゴミの処理と利用」 95

生産欠如 57
精緻化 55
『生徒指導資料第20集』 8
説明活動 14, 38
全体の話し合い 23

相互教授法 60
相互説明活動 15

タ行

「大造じいさんとガン」 80
単元設計 30
単元選択 30

中高学年算数の文章題 68

「伝えたいことをはっきりさせて」 88

テスト 100, 105

動機づけ 65
到達度自己評価法の効果 70
到達度評価 41

ナ行

内発的‐外発的動機づけテスト 72
内発的動機づけ 65
仲間意識 22

「日本の農産物と耕地」 102

能動的な思考 2

ハ行

発達の再接近領域 64
話し合い 5
　──カード 105
　──活動の組み合わせ方 26

　──のデザイン 27
　──の目的 20
話し手 22
パワーアップカード 82
反復練習 18

人に関する知識 52
評価 7
評価基準の設定 35
評定形式 11

ブラインド・トレーニング 56
文化的発達の一般的発生法則 63
文章要約 57

ペアの話し合い 24
「べつべつにいっしょに」 75

傍観者 22
傍参与者 22
方略に関する知識 52
方略の意義づけ 37
方略の導入と意義づけ 17

マ行

メタ認知 6, 52, 53
　──的過程 55
　──的知識 52
　──的方略 6
　──のプロセス・モデル 53, 54

モニタリング 5, 54
モニタリング・カード 10
　──の作成 15
　──の作成例 44
　──の導入 39
モニタリング自己評価法 i, 3, 4
　──が効果を発揮する条件 110
　──の5つの手だて 14, 42
　──の効果 74, 80, 85, 109
問題解決過程 4, 33

ヤ・ラ行

要約の基本ルール 58
予想条件 57

ラベリング条件 57

リハーサル 55
　──条件 57

ルール 58
　──＆自己マネジメント 58
　──の自己統制 58

ワ行

ワークシート 4, 5
ワールド・カフェ 27
話者交替 23
わり算のひっ算 71

【人名索引】

A-Z
Barclay, C. R.　*56*
Belmont, J. M.　*56*
Borkowski, J. G.　*56*
Butterfield, E. C.　*56*
Campione, J. C.　*55, 56, 58, 68*
Day, J. D.　*55, 56, 58, 68*
Deci, E. L.　*65*
Friedrichs, A. G.　*53*
Fyans, L. J.　*65*
Hoyt, J. D.　*53*
Kennedy, B. A.　*56*
Maehr, M. L.　*65*
Miller, D. J.　*56*
Murphy, M. D.　*56*
Ross, G.　*64*
Ryan, R. M.　*65*
Salili, F.　*65*
Sorensen, R. L.　*65*

ア行
アイザックス, D.　*27*
アロンソン, E.　*27*
ヴィゴツキー（Vygotsky, L. S.）　*60, 63, 64, 66*
ウッド（Wood, D.）　*64*
梅本明宏　*67, 101, 109, 110*
小倉春夫　*65*

カ行
梶田叡一　*66*
加藤和生　*17*
ガニェ, R. M.　*42*
ゴフマン（Goffman, E.）　*22*

サ行
堺　美枝　*66, 75, 109, 110*
桜井茂男　*72*
佐々原正樹　*67, 95, 109, 110*
鹿毛雅治　*65, 66, 71, 75, 77, 79*
新谷啓介　*66, 68, 74, 119*
杉本明子　*88*
関田一彦　*27*
センゲ, P.　*27*

タ行
高垣マユミ　*62*
竹内久美子　*67, 85, 109, 110*
続　有恒　*8, 66*
トゥールミン（Toulmin, S.）　*95*

ナ行
中川惠正　*66, 67, 68, 70, 73, 74, 75, 80, 85, 95, 101, 109, 110*
並木　博　*65*
ナレンズ（Narens, L.）　*53, 54*
ネルソン（Nelson, T. O.）　*53, 54*

ハ行
ハーター（Harter, S.）　*72*
パリンサー（Palincsar, A. S.）　*60, 62, 64, 66*
ブラウン（Brown, A. L.）　*7, 54, 55, 56, 57, 58, 60, 62, 64, 66, 68, 70*
ブラウン, J.　*27*
フラベル（Flavell, J. H.）　*52, 53*
ブルーナー（Bruner, J.）　*64*
ブルーム, B.　*66*
ベアード（Baird, J. R.）　*53*

マ行
松田文子　*65*
松原千代子　*66, 70, 73, 74, 109*
丸野俊一　*17*
守屋孝子　*66, 80, 109*
椋　鳩十　*80*

■ 執筆者一覧（五十音順，＊は編者）

梅本明宏（うめもと・あきひろ）
さぬき市立長尾小学校教諭
担当：第2章，第4章，第5章，第9章2節

堺　美枝（さかい・みえ）
高松市立三渓小学校校長
担当：第7章3節

佐々原正樹（ささはら・まさき）
比治山大学現代文化学部教授
担当：第3章，第9章1節

新谷敬介（しんたに・けいすけ）
高松市立木太南小学校教頭
担当：第7章1節

竹内久美子（たけうち・くみこ）
元・坂出市立金山小学校教頭
担当：第8章2節

富田英司（とみだ・えいじ）＊
愛媛大学教育学部准教授
担当：第1章，第2章，第4章，第6章，第10章

松原千代子（まつばら・ちよこ）
多度津町立四箇小学校教諭
担当：第7章2節

守屋孝子（もりや・たかこ）
元・三豊市立詫間小学校教諭
担当：第8章1節

児童・生徒のためのモニタリング自己評価法
ワークシートと協同学習でメタ認知を育む

2015年6月30日　初版第1刷発行　（定価はカヴァーに表示してあります）

編著者　中川惠正研究室
　　　　富田英司
発行者　中西健夫
発行所　株式会社ナカニシヤ出版
〒606-8161　京都市左京区一乗寺木ノ本町15番地
　　　　　　　　Telephone　075-723-0111
　　　　　　　　Facsimile　 075-723-0095
　　　Website　 http://www.nakanishiya.co.jp/
　　　E-mail　　iihon-ippai@nakanishiya.co.jp
　　　　　　　　郵便振替　01030-0-13128

装幀＝白沢　正／印刷＝創栄図書印刷／製本＝兼文堂
Copyright © 2015 by Esho Nakagawa Lab. and E. Tomida
Printed in Japan.
ISBN978-4-7795-0900-1

本書のコピー，スキャン，デジタル化等の無断複製は著作権法上の例外を除き禁じられています。本書を代行業者の第三者に依頼してスキャンやデジタル化することはたとえ個人や家庭内の利用であっても著作権法上認められていません。

ナカニシヤ出版 ◇ 書籍のご案内

大学教育
越境の説明をはぐくむ心理学
田島充士・富田英司編著
現在の大学教育の課題とは何か。学生が大学で身につけるべき力とは何か。コミュニケーション能力の育成の方法やその教育法の開発に生かせる理論的／実証的研究を「越境の説明力」を軸に集約。科学的研究による大学教育改善への提言。　3700 円

話し合いトレーニング
伝える力・聴く力・問う力を育てる自律型対話入門
大塚裕子・森本郁代編著
さまざまな大学での授業実践から生まれた、コミュニケーション能力を総合的に発揮するトレーニングを便利で使いやすいワークテキストに。伝える力・聴く力・問う力を育むグループワークの決定版！　書き込み便利なワークシート付き。　1900 円

大学 1 年生からのコミュニケーション入門
中野美香 著
充実した議論へと読者を誘う平易なテキストと豊富なグループワーク課題を通じ企業が採用選考時に最も重視している「コミュニケーション能力」を磨く。キャリア教育に最適なコミュニケーションテキストの決定版。　1900 円

ラベルワークで進める参画型教育
学び手の発想を活かすアクティブ・ラーニングの理論・方法・実践　林 義樹編
大学で、看護学校で、高校で、予備校で、市民活動などの現場で――川喜田二郎の薫陶を受けた編者が開発し、数多くの実践者たちが磨き上げた定評あるアクティブ・ラーニングの理論、方法、実践を集約。　2900 円

私が変われば世界が変わる
学生とともに創るアクティブ・ラーニング
中　善則・秦美香子・野田光太郎・師　茂樹・山中昌幸・西澤直美・角野綾子・丹治光浩著
花園大学アクティブ・ラーニング研究会 編
学生と学生、教員と学生、学生と社会、社会と大学をつなぐアクティブ・ラーニング活用術。　2400 円

学生のための学び入門
ヒト・テクストとの対話からはじめよう
牧　恵子著
「何かな？」という好奇心からスタートしましょう。好奇心に導かれた「対話」から、訪れる気づきを「書く」力をみがきます。書き込み便利なワークシート付き。　1800 円

協同学習入門
基本の理解と 51 の工夫
杉江修治著
協同の原理をしっかり踏まえた学級経営により、子どもの動きがみるみる変わる！　真の効果を生み出すための理論と方法を具体的に紹介。　1800 円

LTD 話し合い学習法
安永　悟・須藤　文著
仲間との教え合い、学び合いを通して課題文を深く読み解くことで主体的な学習者を育成する、LTD（Learning Through Discussion）。その理論と実践と授業づくりをスライドを提示しながら具体的にわかりやすく詳説。　2800 円

先生のためのアイディアブック
協同学習の基本原則とテクニック
ジョージ・ジェイコブズ、マイケル・パワー、ロー・ワン・イン著／関田一彦 監訳
生徒がさらに効果的に一緒に勉強するのを手助けするための原理と技法をグループづくりからワークの内容、評価の方法まで具体的かつ実践的に、解説する。　2000 円

協同学習の技法
大学教育の手引き
バークレイ、E．他著　安永　悟 監訳
一人ひとりが真剣に考え、対話し、活動する授業へ。なぜ仲間との学び合いが学習効果を高めるのか、実際にどのように行えばよいのか、その授業をどのように評価するのか、具体的に解説。小・中・高校の授業改善にも活用できます。　1900 円

ピアチューター・トレーニング
学生による学生の支援へ
谷川裕稔・石毛 弓編
大学で学生同士の学びが進むには？　学生の学習を支援する学生＝「ピアチューター」を希望する学生のための基礎知識を網羅。ワークを行い、ふりかえるためのさまざまな工夫がこらされた決定版テキストブック！　2200 円

中学生・高校生・大学生のための自己理解ワーク
丹治光浩著
自分の行動・思考の傾向を知り、未来の可能性を拡げよう！　楽しいグループワークと対人関係等に関わる質問紙テストを多数紹介。　1600 円

※表示価格は本体価格です。